Wilfried Hammacher
Einführung in Rudolf Steiners Mysteriendramen
III

W0218579

M. Eiland

Wilfried Hammacher

Einführung in
Rudolf Steiners
Mysteriendramen

DER HÜTER DER SCHWELLE

PHILOSOPHISCH-ANTHROPOSOPHISCHER
VERLAG AM GOETHEANUM

*Einführung in Rudolf Steiners Mysteriendramen**

Bd. I: Die Pforte der Einweihung
Bd. II: Die Prüfung der Seele
Bd. IV: Der Seelen Erwachen

*im Philosophisch-Anthroposophischen Verlag am Goetheanum, Dornach 1984

Alle noch bestehenden Autorenrechte Rudolf Steiners liegen bei der Rudolf Steiner-Nachlaßverwaltung, Dornach

Einbandgestaltung unter Verwendung einer Zeichnung und der Fotosatzschrift von Walther Roggenkamp
© Copyright 1984 by Philosophisch-Anthroposophischer Verlag am Goetheanum, Dornach/Schweiz
Alle Rechte, auch die des auszugsweisen Nachdrucks und der fotomechanischen Wiedergabe, vorbehalten.
Gesamtherstellung Zobrist & Hof AG, CH-4410 Liestal
ISBN 3-7235-0366-7

Inhalt

Vorwort zur zweiten Auflage

Diese einführenden Betrachtungen haben im Zusammenhang mit den Aufführungen der Mysteriendramen durch die Novalis-Bühne seit 1979 so viel Interesse gefunden, daß die erste Auflage nun vergriffen ist. Es hat sich gezeigt, daß sie dem eine Hilfe sein durften, der sich in die Mysteriendramatik Rudolf Steiners einzuleben sucht. Es sei deshalb dem Philosophisch-Anthroposophischen Verlag herzlich gedankt für die Neuausgabe.

Insbesondere möchte ich Hans-Jürgen Heitmann und Inge Scholter dafür danken, daß sie durch ihre Korrekturen mithalfen, den Stil vom gesprochenen ins geschriebene Wort umzusetzen.

Stuttgart, Michaeli 1983

Wilfried Hammacher

Vorwort zur ersten Auflage

Es ist in diesen Autoreferaten von Vorträgen der Versuch unternommen worden, nichts in den Dramen zu «erklären» oder zu deuten oder aus anderen anthroposophischen Schriften Rudolf Steiners zu beleuchten. Ich habe mich lediglich bemüht, die Zusammenhänge in sich selbst klarer zu machen, um so in das innere Leben der Dramen immer tiefer eintauchen zu können. Ich folgte darin der oft wiederkehrenden Bemerkung Rudolf Steiners, daß man nichts *hinter* den Dramen zu suchen habe, daß alles in ihnen selbst und ihrer dichterischen Kraft zu finden sei. Meine Erfahrung ist, daß der, welcher sich in das *Ganze* des Werkes hineinarbeitet, jedes einzelne Motiv miterleben kann. Kurz, ich bemühte mich, die Sphäre der Kunst im Durchdringen der Dramen niemals zu verlassen. – Ich empfand deshalb eine große Freude, als ich eines Tages, nachdem ich diese Vorträge abgeschlossen hatte, in einführenden Worten zu einer Eurythmie-Vorstellung vom 26.8.1921 die folgende Bemerkung Rudolf Steiners fand: «Ich darf vielleicht, ohne unbescheiden sein zu wollen, sagen, daß jede Einzelheit dieser Dramen unmittelbar in ihrer vollen Räumlichkeit und Zeitlichkeit anschaulich vor meiner Seele stand. Die tun diesen Dramen Unrecht, die sie symbolisierend in abstrakte Begriffe auflösen. Ich hatte nie solche abstrakte Begriffe in der Seele. Ich sah nur die Personen, hörte ihre Worte, nahm ihre Handlungen wahr. Für mich ist alles auf einer geistig geschauten Bühne bis auf die Szenerie fertig dagewesen.»

Stuttgart, im August 1979

Wilfried Hammacher

Die Mysterientradition der Rosenkreuzer und die Erkenntnistat des Johannes Thomasius. Das 1. und 2. Bild

In Fortsetzung der Betrachtungen über das erste und zweite Mysteriendrama Rudolf Steiners sollen hier die Zusammenhänge des dritten Dramas «Der Hüter der Schwelle» geschildert werden. Was Rudolf Steiner in diesen Dramen darstellt, ist der Schicksals- und Erkenntnisweg einer Anzahl von Menschen aus dem Sinnes- und Verstandesbewußtsein empor zu geistigem Schauen. – Das erste Drama «Die Pforte der Einweihung» führt in einem doppelten, fugenartigen Weg aus der sinnlichen in die geistige Welt hinein. Der erste Weg führt zu geistigem Licht; der zweite Weg – in Spiegelung und Metamorphose – läßt das Licht zur schöpferischen Kraft werden, zur Liebe. Den Übergang aus der Einsamkeit des geistigen Lichterlebnisses, der Erleuchtung, zum Wirken in der Gemeinschaft findet der Erkenntnissucher durch das Tor der Kunst. – Der Aufbau des zweiten Dramas «Die Prüfung der Seele» zeigt einen dreifach gegliederten Aufbau: Aus einer mittleren Sphäre des Tagesbewußtseins tauchen die Seelen in die Untergründe ihres Schicksals ein, um aus der Himmelssicht einer übersinnlichen Sphäre das gesamte Leben zu durchlichten und mit neuen Willenszielen zu durchkraften. Das erste Drama zeigt in seiner Gestaltung, wie Licht sich im Element der Wärme spiegelt. Im zweiten Drama wiederholen sich Worte wie Leben, Sonne, Seelensonne, Geistessonne; aus der Sphäre der Spiegelung wird die Erkenntnis zur Lebenswirklichkeit in der Seele. Der kleine, auserwählte Menschenkreis des ersten Dramas verbreitert sich in der Rückschau, in den mittelalterlichen Szenen zu der größeren Lebensgemeinschaft der Bauern. Volk tritt auf, das seine Meinung über diese oder jene Lebensverhältnisse zum Ausdruck bringt.

Was tritt uns nun in dem dritten Drama, «Der Hüter der Schwelle», entgegen, dem Rudolf Steiner den Untertitel gibt «Seelenvorgänge in szenischen Bildern»? «Lebensbild» wurde das zweite genannt, das erste ein «Rosenkreuzermysterium». Im ersten Drama wird also der Übergang aus der physischen in die geistige Welt geschildert. Ein Leben, das auf diese Weise sich bildet, ist der Inhalt des zweiten Dramas. Das dritte Drama dringt noch tiefer in Mensch und Welt ein, in Vorgänge der Seele.

Die Szenerie des 1. Bildes des «Hüters der Schwelle» wird folgendermaßen charakterisiert: «Ein Saal in indigoblauem Grundton. Er ist als Vorsaal gedacht zu den Räumen, in denen ein Mystenbund seinen Arbeiten obliegt.» In diesem Vorsaal finden wir zwölf Personen, von denen gesagt wird, daß sie Wiederverkörperungen der zwölf Bauern und Bäuerinnen aus der «Prüfung der Seele» sind. Ebenfalls anwesend sind Felix Balde und Doktor Strader. Worüber sprechen diese Menschen? Sie tauschen ihre Meinungen aus über einen Entschluß, den der Mystenbund gefaßt hat. In diesem Mystenbund wird ein Mysterienwissen gepflegt, das zu allen Zeiten der Menschheitsgeschichte im Verborgenen der Tempel gehütet worden ist. Dieses Wissen soll nun ein ganz öffentliches werden. Die Öffentlichkeit, die allgemeine Menschheit ist gebeten, an diesem Wissen nun in freier Weise Anteil zu nehmen. Das allgemeine Menschheitsbewußtsein wurde in den vergangenen Jahrhunderten an der Naturwissenschaft herangebildet. Diesem exoterischen, allgemein zugänglichen Wissen soll nun die esoterische Weisheit des Tempels in aller Öffentlichkeit entgegengestellt werden. Was also hier dramatisiert wird, ist ein einmaliger historischer Augenblick. Den Anlaß zu diesem Entschluß des Mystenbundes hat ein ganz bestimmtes Ereignis gegeben. – Das dritte Mysteriendrama spielt dreizehn Jahre nach den Vorgängen des ersten Mysteriendramas; also etwa zehn Jahre nach den Vorgängen der «Prüfung der Seele». In diesem zweiten Drama haben wir erlebt, wie der Geistesweg des Johannes Thomasius sich von dem Geisteswege der Maria trennen mußte. In diesen zehn Jahren des einsamen geistigen Strebens hat Johannes ein Werk geschaffen. Er hat das an der Naturwissenschaft herangebildete Denken unseres normalen Tagesbewußtseins entfaltet zu einem Denken, das zum geistigen Schauen erwachen kann. Er hat damit die Brücke geschlagen von dem allgemeinen Gedankenbewußtsein hin zu dem esoterischen Bewußtsein des Mystenbundes. Ausdrücklich wird gesagt, daß er dieses Werk, dieses Buch, als Künstler geschaffen hat. Wir hatten erlebt, wie die Trennung von Maria Johannes die Künstlerkraft als Maler raubte. Das letzte, was wir von Thomasius erlebt hatten, war sein Entschluß, sich Lucifer zu übergeben, der Entschluß des

Eingeweihten, Lucifer kennenzulernen, zu erforschen, sich ihm mit seinem ganzen Sein zu übergeben. Es ist eben nicht möglich, solch ein «Studium» aus dem intellektuellen Abstand des uns gewohnten Alltagsbewußtseins zu machen. – Im ersten Drama erlebten wir, wie Johannes Thomasius geistiges Wissen in Erdenwissen umbildet auf dem Wege der Kunst, indem er das Bild des Capesius malt. Jetzt sehen wir ihn den umgekehrten Weg gehen. Er opfert die künstlerischen Kräfte auf, er benutzt die Kräfte seines malerischen Genies dazu, um Erdenwissen in geistige Weisheit umzubilden.

Die Unterhaltung der zwölf Charaktere, eingeschlossen Felix Balde und Doktor Strader, beinhaltet den genannten Entschluß des Mystenbundes und das Werk des Johannes Thomasius. Skepsis wird geäußert, Mißtrauen, Unterschiebung gewisser Machtimpulse; aber auch Sympathie spricht sich aus, naive Gläubigkeit, Hoffnungen auf das, was entstehen will. Kurzum, wir erleben eine ganze Skala vielfach schattierter Meinungsbildungen. In besonderer Weise nehmen Stellung zu den beiden Ereignissen Doktor Strader und Felix Balde. Von Doktor Strader hatten wir zuletzt erfahren, daß er an jedem geistigen Forschen verzweifelte, daß ihn aber der Zwang der Logik zur Erkenntnis der wiederholten Erdenleben führte. Von Felix Balde hatten wir erfahren, daß er das Wissen, das er aus den Erdentiefen auf geheimnisvolle Weise empfing und das er so verschwieg, wie alle mystischen Tempel bis dahin ihr Wissen verschwiegen hatten, daß er dies Wissen nun allen zugänglich gemacht hat, die zu ihm kamen und Rat von ihm erbaten. Beide Entwicklungen waren bereits vor zehn Jahren geschehen. Jetzt erfahren wir von Doktor Strader, daß er eine technische Erfindung gemacht hat, die sich sozial auswirkt. Das Prinzip dieser Erfindung ist, dem Menschen innerhalb der modernen industriellen, technischen Welt auf technischem Wege jene Freiheit zu geben, die er braucht, um sich seelisch und geistig entfalten zu können. Die Erfindung ist im Versuchsstadium abgeschlossen und steht kurz vor der Möglichkeit, in die Praxis übergeführt zu werden. – Felix Balde schildert seinen mystischen Weg, der ihn dahin geführt hat, sein Wissen nun der Öffentlichkeit mitzuteilen. Er begrüßt darum warm den Entschluß des Mystenbundes, der dem seinigen gleich ist. Was unter den zwölf Charakteren als Meinungsbildung hin und her schwankt, das tritt uns in profilierter, hervorragender Weise entgegen in Doktor Strader und Felix Balde: die Handhabung des allgemeinen, dem wachen Tagesbewußtsein entsprungenen Denkens und die Vertretung der Esoterik.

Im zweiten Teil des 1. Bildes sehen wir, wie das Tor des Tempels sich öffnet und vier Repräsentanten des Mystenbundes auftreten. Im Personenverzeichnis wird gesagt, daß diese vier Gestalten Wiederverkörperungen der Ritter des mittelalterlichen Bundes sind. Sie treten mit denselben Titeln wie in der Vergangenheit auf und repräsentieren damit etwas, was sie sich in dem mittelalterlichen Leben errungen haben. Der Großmeister des Ritterbundes tritt uns wieder als Großmeister jetzt des Mystenbundes entgegen mit dem Namen Hilarius Gottgetreu. Der zweite Zeremonienmeister des Mittelalters – jetzt unter dem Namen Friedrich Trautmann – ist wiederum zweiter Zeremonienmeister; es war jene Gestalt, die so tief in die Willenswege, in die Willensgeheimnisse der Schulung jenes Bundes eingedrungen war und mit besonderer Treue zu den Prinzipien dieser Willensschulung stand. Auch der erste Zeremonienmeister tritt wieder als solcher auf mit dem Namen Albert Torquatus oder auch Theodosius genannt. Der zweite Präzeptor hat jetzt den Namen Magnus Bellicosus.

Der zweite Zeremonienmeister Friedrich Trautmann beginnt damit, den historischen Augenblick zu schildern: wie der Entschluß des Mystenbundes dadurch hervorgerufen wurde, daß Johannes Thomasius auf ganz individuellem Wege das allgemeine Wissen dem Wissen des Mystenbundes entgegengeführt hat. Er endet mit den Worten:

«So kann lebendig fruchtbar sich entfalten
Das Leben, das den allgemeinen Sinn
Mit Weihesitten schön zusammenschließt.

Man stutzt unwillkürlich bei dem Ausdruck «schön». Es heißt nicht, daß der allgemeine Sinn mit Weihesitten auf wahre Weise oder auf gute Weise zusammengeschlossen werde. Es heißt, daß sie schön zusammengeschlossen werden. Und so sehen wir wieder, wie dieser Übergang von Exoterik zur Esoterik in der Sphäre des Schönen geschieht.

Als nächster tritt der zweite Präzeptor, Magnus Bellicosus, auf und spricht nun über die Individualität des Johannes Thomasius. Er weist darauf hin, wie gerade diese Individualität fähig war dazu, die Starrheit des toten Verstandeswissens umzuschmelzen, umzuformen in die lebendigen, geisttragenden, schaffende Geistwirksamkeit aus sich belebenden Gedanken. Die Künstlerkraft, die

Johannes Thomasius geopfert hat, sie allein ist fähig, diese Umwandlung zu bewirken. Magnus Bellicosus begründet geradezu, warum der allgemeine Sinn sich mit Weihesitten nur in der Sphäre der Schönheit zusammenschließen kann. Denn nur in der Sphäre der Kunst belebt sich das Sinnliche zur Anschauung des Geistigen. Darum sagt Magnus Bellicosus von Johannes Thomasius:

Es ward ihm klar, daß Geisteswissenschaft
Nur wahrhaft gut begründet werden könne,
Wenn Sinn für Wissenschaft und strenges Denken
Durch Künstlergeist von steifer Formensucht
Befreit und innerlich erkraftet werde
Zum wahren weltverwandten Sein-Erleben.

Der Großmeister Hilarius Gottgetreu schildert nun die Geschichte der Mysterien der Menschheit:

In jenes Geistes Namen, der den Seelen
In unserm Weiheorte sich verkündet,
Erscheinen wir in diesem Augenblicke
Vor Menschen, die bis jetzt nicht hören durften
Das Wort, das hier geheimnisvoll erklingt.

Das Geheimnis, das der Großmeister nun offenbart, ist dieses, daß die Menschheit durch alle Zeiten hin von der geistigen Welt aus geführt worden ist. Die ersten Lehrer der Menschheit waren geistige Wesen, die in ihrem Rang über den Menschen standen und in den Mysterienstätten wirkten. Sie erzogen sich Schüler unter den Menschen, die dann die nächsten Lehrer wurden. So pflanzte sich das Mysterienwissen fort bis zum heutigen Tage, an dem es nun in die allgemeine Menschheit übergehen soll. Wir betreten die Bühne der allgemeinen Menschheit im allertiefsten Sinne.

Nach einigen Worten des Widerspruchs durch eine der zwölf Gestalten beschließt der 1. Zeremonienmeister, Albert Torquatus, die Szene, indem er darauf hinweist, daß jetzt und hier, in diesem Augenblicke, wach erfaßt werden muß, was sich abgespielt hat; denn fruchtbar und wirksam kann es nur werden, wenn es sich zur rechten Zeit offenbart.

Das 2. Bild spielt in demselben Raume wie das erste. Anwesend sind wieder die vier Repräsentanten des Mystenbundes. Die zwölf Personen, gleichsam die Vertreter der Menschheit, sind nicht mehr zugegen. Das allgemeine Menschheitsbewußtsein wird jetzt vertreten durch Johannes Thomasius selbst. Anwesend sind die Freunde Doktor Strader und Felix Balde. Ebenfalls ist Maria anwesend, die nun ihren geistigen Weg mit Johannes Thomasius wieder gemeinsam gehen darf. Der historische Augenblick steht bevor, an heiliger Stätte den «allgemeinen Sinn» mit «Weihesitten» zusammenzuschließen. Der junge Strom geistiger Erkenntnis soll sich jetzt mit dem alten Strome des Mysterienwissens der Vergangenheit vereinigen. Der Großmeister spricht Johannes Thomasius an, wie immer der Meister den Schüler angesprochen hat:

> Mein Sohn, was du vollbracht, ihm muß das
> Siegel
> Der uralt heil'gen Wissenschaft geschenkt
> Und auch des Rosenkreuzes Segenskraft
> An diesem Weiheort verliehen werden.
> Was du der Welt gebracht, es soll durch uns
> Dem Geist geopfert und so fruchtbar werden
> In allen Welten, die des Menschen Kraft
> Dem Weltenwerden dienstbar machen können.

Das Werk, das aus ganz individuellem Streben heraus errungen worden ist, soll nun an der geheiligten Weihestätte der geistigen Welt zum Opfer dargebracht werden.

Der zweite, der spricht, ist Magnus Bellicosus. Wieder geht er auf das persönliche Wesen des Johannes Thomasius ein. Wir erfahren durch ihn, daß Johannes sich nicht nur von Maria zu trennen hatte, um ganz selbständig seine geistige Arbeit zu tun, sondern daß er sich auch von seinem Lehrer Benedictus hatte trennen müssen. Und wie Maria sich ihm wieder vereinen darf, so erwartet auch der Lehrer Benedictus seinen Schüler zurück. – Ebenso begrüßen Felix Balde und Strader Thomasius, ihm zugleich ihren Dank für seine Geistestat aussprechend.

Nun antwortet Thomasius selbst. Er versichert, daß, wenn irgend etwas außer der Stimme seiner eigenen Seele ihm Glauben an das Werk geben könne, dies ohne allen Zweifel die Stimme des Großmeisters sein müßte. Für die Mysten ist es ganz unfaßlich, daß das, was die Stimme des Großmeisters zum Ausdruck bringt, nicht auch zugleich das sein soll, was Thomasius selber erlebt. Thomasius aber erwidert, daß das in keiner Weise der Fall ist. Er berichtet, daß er selbst den Glauben des Großmeisters noch hatte, als er von zu Hause wegging. Daß aber auf dem Wege zum Tempel sich ein Erlebnis vor seine Seele gestellt habe, das ihn zu anderer Meinung führen mußte. Wir erinnern uns daran, daß Thomasius sich Lucifer übergeben hatte. Was nun geschieht, gehört zu den dramatischsten Szenen der Dramen. Denn Thomasius schildert, wie auf dem Wege Ahriman sich ihm entgegengestellt habe. Ahriman hat ihn belehrt darüber, welche Bedeutung sein Werk für die Menschheit haben muß, in welcher Weise er selbst mit diesem Werke verknüpft ist, und daß die Schaffung dieses Werkes ihn, Thomasius, für immer Ahriman verpflichtet. Es geht so weit, daß Thomasius zum Ausdruck bringt, daß dieses Werk ihn zwingen wird, Ahriman zu lieben. Viel schwerer aber wiegt hierbei, daß die Rosenkreuzer, die Führer der Menschheit, nicht erkannt haben, was hier vorgeht. Denn sie hätten erkennen müssen, daß dieses Werk von einem anderen Menschen geschaffen werden mußte. Der tragische Umstand tritt auf, daß in dem Augenblick, wo eine alte Mysterienkultur in eine neue übergehen soll, die Führer der alten Mysterienkultur versagt haben, der Bringer der neuen Geistigkeit sich aber für unfähig zu dieser Führung erklären muß.

Thomasius schildert, wie er bei der Arbeit ganz dem Leben in den Ideen hingegeben war, daß Lucifer ihn mit den allerschönsten Bildern umgab, dadurch aber verhüllte, was er in seinen Willenskräften bewirkte. Während sein Bewußtsein ganz auf die Erkenntnis gerichtet war, erfüllte Luzifer ihn mit wilden Triebgewalten. Erinnern wir uns dabei, wie der Bergwerkaufseher Thomas wohl Interesse für die Erkenntnisinhalte des Ritterbundes zeigte, aber nicht sie verbinden konnte mit den moralischen, den Willenswegen. Es folgt daraus, daß von dem Buche, das er geschrieben hat, schlechte Wirkung ausgehen muß auf jeden, der es liest. Das alles hat Thomasius von Ahriman erfahren. Er, der Eingeweihte, weiß, daß Ahriman der Kenner der echten Weltgesetze ist; daß dies alles wahr, unausweichlich ist.

Der 2. Zeremonienmeister Friedrich Trautmann entgegnet nun, was jeder normale Mensch entgegnen würde. Er sagt nämlich, daß, wenn Thomasius dieses Schlechte, Verderbliche in sich erkenne, es doch an ihm sei, es zu überwinden. Ja, es sei die Pflicht, daß der Geistesschüler sich davon reinige. Aber Thomasius antwortet mit dem Satz:

Ich seh', ihr urteilt nicht nach Weltgesetzen.

Es geht eben nicht darum, lediglich in der eigenen Seele etwas abzustellen, was störend erscheint. Sondern das karmische Gesetz bindet Johannes an die Mächte der Finsternis. Das ist durch die Schaffung seines Werkes entstanden. Und an dieses Schicksal hat der Mystenbund sich selbst nun gebunden. In größter Bestürzung antwortet der Großmeister:

Ihr lieben Brüder, was begonnen ist,
Es wird sich jetzt nicht weiterführen lassen.
Wir müssen uns zum Orte hinbegeben,
An dem der Geist uns seinen Willen kündet.

Der Ort, an dem der Geist seinen Willen kündet, der Tempel selbst ist aber dem Irrtum verfallen. So erkennt der neue Eingeweihte, Johannes Thomasius. Der alte Eingeweihte Hilarius Gottgetreu aber kennt nur diesen Ort. Tiefe Tragik waltet nach allen Seiten über dem Geschehen. – Die vier Mysten verlassen mit Doktor Strader und Felix Balde den Raum. Johannes bleibt mit Maria alleine zurück.

Thomasius empfängt das folgende geistige Erlebnis. Es erscheinen ihm die Kräfte seiner Seele, Philia, Astrid, Luna. Was sprechen sie? Philia spricht aus, was in seinem Fühlen lebt. In seiner Seele lebt der Durst, die heiße Sehnsucht, das geistige Licht zu erfassen; und zugleich ist ständig ein Wille am Werke, der dieses Licht seinem Schauen verhüllt. Dieser Wille wirkt in sorgender, schützender Weise in seiner Seele. Mit leidenschaftlicher Begierde lauscht seine Seele dem Raunen der geistigen Welt, den Gesprächen der Götter; aber immer wieder verbergen sich diese Gespräche; wie von einer gütigen Hand, einer weisheitsvoll bewahrenden Kraft werden ihm diese Gespräche verborgen. Denn Gefährliches droht in den Gedanken, die sich den Geist erzwingen, die deshalb immer wieder untertauchen in die Sinneswelt, in der sich jenes Geistige verbirgt. Philia mildert die allzu grelle, allzu geschärfte Erkenntnis, von der Thomasius berichtet hat. Das überhelle Licht Lucifers erscheint wie gemildert, ins Gleichgewicht gedämpft. Durch ihre Worte strömt ein Atem der Genesung. Astrid dagegen ermutigt sein Forschen, sie stärkt das Schauen seiner Seele, sie belebt, impulsiert seinen Weg in die geistige Welt. Und Luna spricht von den reifenden Willenskräften, durch welche die Seele den Wegen zur geistigen Welt folgen kann – die aber die Götter demjenigen Wollen, das irrend hin und her schwankt, verschliessen.

Die Kulmination des geistigen Erlebnisses bildet die Stimme des Gewissens. Wie schon in den früheren Dramen umfaßt sie die Stärke und die Schwäche der Seele gleichermaßen; der ganze Mensch, wie er in diesem Augenblicke besteht, wird hörbar. Die Stimme des Gewissens spricht unsichtbar zu Johannes Thomasius:

Es schwanken deine Gedanken
Am Abgrund des Seins;
Und was als Stütze ihnen verliehn,
Du hast es verloren.
Und was als Sonne ihnen geleuchtet,
Es ist dir erloschen.

Der Abgrund des Seins hat sich für Johannes Thomasius durch die Gewalt Lucifers auf der einen und die Bedrohung durch Ahriman von der andern Seite her geöffnet. Seine Gedanken schwanken hin und her. Was sein Geistesweg ihm bisher als Stütze errungen hat, ist verloren. Die Sonne des Geistes, die ihm im ersten Drama aufging, im zweiten Drama sich entfaltete, sie ist erloschen. Die Sonnenkraft seiner Erkenntnis hat sich von ihm entfernt, so wie der Sonnen-Eingeweihte Benedictus sich von ihm entfernt hat. Trunken vor Sehnsucht nach dem Geist folgte Thomasius Lucifer, um sich geistiges Licht in seinem Reiche zu erobern; aber er hat sich in den Tiefen dieser Welt verirrt. Wohl ist Thomasius durch sein Werk aus dem Reich der toten Gedanken eingedrungen in die lebendigen Gründe allen Werdens, aber da ist er Ahriman begegnet, der sein ganzes Wesen in dieser geistigen Sphäre zum Beben bringt. Thomasius muß erkennen, daß ihn sein geistiges Streben in eine karmische Bindung an Ahrimann geführt hat, die aus sich selbst keinerlei Tröstung seiner Seele mehr möglich macht. – Die Worte der Stimme des Gewissens gehen nun unmittelbar über in die Worte der Maria, die auf innerliche, geisterhafte Weise in seine Seele dringen:

So neige deine Seele
Sich Liebemächten,
Die einst die Hoffnung ihr durchdringen konnten
Mit Lebenswärme,
Die einst den Willen ihr erhellen durften
Mit Geisteslicht.

Maria spricht die Erinnerung in Johannes an. Sie spricht von Liebemächten, die sie früher seiner Seele geben durfte. Sie spricht von etwas, was da war, bevor Johannes in die jetzige Todesgefahr hineingestiegen ist.

Entreiße der Einsamkeit
Die suchenden Herzenskräfte,
Empfinde die Freundesnähe
In Strebensfinsternissen.

Am Ende des zweiten Dramas, zehn Jahre früher, spricht

Maria von diesen Liebemächten, die nicht der Macht Lucifers unterworfen sind. Um diese Mächte hat sie gerungen. Mit ihnen als dem einzig Rettenden ausgerüstet, tritt sie nun in die Schicksalskatastrophe hinein.

Thomasius erwacht aus der geistigen Schau und wiederholt sich das Erlebte.

> Wo war ich eben? Meiner Seele Kräfte
> Enthüllten mir die Wirrnis meines Innern;
> Das Weltgewissen offenbarte mir,
> Was ich verloren; segnend tönte dann
> Der Liebe Stimme in dem finstern Reich.

Was weiter gesprochen wird, geschieht innerhalb der physischen Welt, innerhalb des Tagesbewußtseins. Maria spricht nun aus, wie der weitere Weg des Johannes aus der jetzigen Situation sich vorzeichnet. Wie mit einer geistigen Rüstung angetan, geht sie gleichsam voran. Und ihre Worte bilden die innere Exposition dieses dritten Dramas.

> Johannes, die Gefährtin deiner Seele,
> Sie darf an deiner Seite wieder stehn,
> Und folgen darf sie dir in Weltengründe,
> In denen Seelen sich das Götterfühlen
> Erkämpfen durch die Siege, die vernichten
> Und von Vernichtung kühn das Sein ertrotzen.

Gründe der Welt sollen betreten werden, die bisher von Thomasius nicht betreten worden sind. Was dort allein erkämpft werden kann, wird «Götterfühlen» genannt. In den bisherigen Dramen handelte es sich um ein menschliches Fühlen, das sich dem göttlichen entgegen bewegt. Was hier gefordert wird, geht darüber weit hinaus. Das Fühlen der Götter selbst soll erkämpft werden. Wie?

> ... durch die Siege, die vernichten
> Und von Vernichtung kühn das Sein ertrotzen.

Die Katastrophe, die sich auf dem Boden der Menschheitsgeschichte hier abgespielt hat, wird zum Ausgangspunkt für einen Kampf, für einen Sieg, der gar nicht anders als durch Vernichtung erreicht werden kann. Es gibt keine andere Vorbereitung für das geistige Erfassen dieser Weltensphäre als die vernichtende Katastrophe, die stattgefunden hat.

> Und in die ewig leeren Eisgefilde
> Darf sie den Freund geleiten, wo sich ihm
> Das Licht entringt, das Geister schaffen müssen,
> Wenn Finsternisse Lebenskräfte lähmen.

Im ersten Satz hieß es, daß ein Götterfühlen ertrotzt werden muß aus der Vernichtung. Jetzt wird gesagt, daß es ein Gebiet gibt, in dem das Licht von Geistern geschaffen wird, wo die Kräfte des Lebens durch die Macht der Finsternis gelähmt werden. Es ist ein Licht, das dem Tode abgerungen ist. Es ist ein Auferstehungslicht.

Mein Freund, du stehst an jener Lebensschwelle,
Wo man verlieren muß, was man erworben.

Jetzt wird es von Maria deutlich ausgesprochen: Thomasius muß alles zurücklassen, was er bisher erworben hat. Alles, was Thomasius geistig erforscht hat, alles, was er an geistigen Kräften in seinem Werk hat fruchtbar machen können, das muß ihm jetzt verloren erscheinen. Alles erscheint der Vernichtung übergeben. Wie hat der Großmeister auf diese Katastrophe reagiert? Er begab sich zum Orte hin, wo der Geist von außen zu ihm sprechen soll. Was rät Maria?

Verlange nicht, daß dieses anders sei.
Denn solch Verlangen müßte alle Kraft
Zum weitern Weg ins Geistgebiet dir rauben.
Ob du in Wahrheit oder Irrtum wandelst,
Du kannst die Aussicht dir stets offenhalten,
Die deine Seele weiterdringen läßt,
Wenn du Notwendigkeiten mutig trägst,
Die aus des Geistesreiches Wesen stammen.
Dies ist Gesetz der Geistesschülerschaft.

Was im Mittelalter von der Bedeutung des Willensweges so vielfältig ausgesprochen und dramatisiert worden ist, das wird erst jetzt wirklich akut. Jetzt ist der Augenblick gekommen, wo überhaupt nichts anderes retten kann als die Kraft, das Notwendige mutig zu tragen.

So lange du den Wunsch noch hegen kannst,
Was dir geschehn, das möchte anders sein,
Ermangelst du der Kraft, die nötig ist,
Wenn du im Geisterland dich halten willst.

Maria sagt, daß, wenn Thomasius auch nur einen Augenblick zurückschauen wird, nur für einen Augenblick den Zustand vor der Katastrophe zurückwünscht, dann wird er die Kraft nicht haben, sich in der geistigen Welt weiter zu halten. Es erwächst ihm die Pflicht, die Katastrophe zu bejahen.

Daß du verloren, was dir schon gewonnen,
Es lasse dich erkennen, wie du weiter
Die Geisteswege richtig wandeln sollst.
Du kannst Verständnis, das du ehemals

Zum Richter deines Handelns wohl gebrauchtest,
Von dieser Stunde an nicht mehr berufen,
Wenn du es ernstlich für verloren hältst.

Maria sagt zu Thomasius, wenn du der Meinung bist, daß dein Verständnis der geistigen Welt, wie du es bisher errungen hast, nichts mehr taugt, dann wirf es weg, dann laß es hinter dir. Wie aber kann ein neues Verständnis errungen werden? Wie kann eine neue Wegrichtung überhaupt gefunden werden? Welche Haltung der Seele ist jetzt gefordert?

Drum muß dein Wesen völlig schweigsam werden
Und schweigsam harren, was der Geist ihm bringt;
Und dann erst wieder sich mit dir beraten,
Wenn du dich selbst dir neu gewonnen hast.

Etwas Ungeheuerliches ereignet sich hier im dramatischen Verlauf. Maria hat sich mit Liebemächten gerüstet. Mit diesen tritt sie an. Sie umfaßt mit ihrem Verständnis nicht nur die Wesenheit des Thomasius in diesem Augenblick, sie umfaßt mit ihrem Geist sein gesamtes Darinstehen im Weltganzen. Man muß fühlen, was mit dem Wort Liebemächte gesagt wird, noch besser, was damit dramatisiert wird. Sie gibt die Richtung, in der Johannes vorwärtsschreiten kann. Es ist der Weg zu dem Hüter der Schwelle, der diesem Drama den Namen gibt.

Dem ernsten Hüter bist du oft begegnet,
Der strenge Wache an der Schwelle hält,
Die Geistessein von Sinneswelten trennt;
Doch bist du nicht an ihm vorbeigekommen.
Stets wandtest du beim Anblick dich zurück
Und sahest dir von außen alles an. –
Doch *nicht* im Innern, welches außer dir
Sich weitet als die Geisteswirklichkeit,
Bist du gewesen; so erwarte noch,
Was dir sich offenbaren wird, wenn du
An meiner Seite nicht *betreten nur*,
Wenn *überschreiten* du auch kannst die Schwelle.

Erinnern wir uns an die Worte des Großmeisters, die er in der mittelalterlichen Burg, im 7. Bild des zweiten Dramas gesrpochen hat:

Seit unser teures Haupt gefallen
Als Opfer jener dunklen Mächte,
Die aus dem Bösen ihre Kräfte holen,

Um durch des Widerstandes Kraft
In ihrer Art der Weisheit Plan zu dienen,
Die Gutes auch aus Bösem wirkt –
Seit dieser Zeit ist hoffnungslos all unser Erdenstreben.

Es lebte in dem Ritterbunde die Weltanschauung, daß das Böse allein dem Plane der Weisheit dienen muß, daß durch das Böse allein das Gute wirklich errungen werden kann. Was dort Lehre war, wird jetzt zur Handlung. – Im ersten Drama, im 3. Bilde schildert Benedictus das erste Bestehen der geistigen Prüfung des Johannes Thomasius so:

Du bist mein wahrer Schüler
Erst seit der inhaltvollen Stunde,
Wo du an dir verzweifeln wolltest,
Wo du dich selbst verloren gabst
Und wo die Kraft in dir dich dennoch hielt.

Was hier begann, das erleben wir jetzt in gewaltig gesteigerter Metamorphose. In welche Dimensionen die seelischen Vorgänge des Dramas nun hineinwachsen, wird der weitere Fortgang zeigen.

Das Reich des Luzifer. Das 3. Bild

In den ersten beiden Bildern des dritten Dramas «Der Hüter der Schwelle» haben wir das Schicksal kennengelernt, das sich zwischen Johannes Thomasius und dem Mystenbunde gebildet hat. Dieses Schicksal offenbarte sich zunächst als ein vollkommen tragisches, als eine Katastrophe. In welcher Weise das Luciferische und das Ahrimanische in dieses Schicksal verknotet sind, sprach Johannes Thomasius im 2. Bilde aus. Es war Maria, die mit der Stimme der Liebe zu Johannes sprach, vor deren geistigem Blick ein Weg sich auftat, der aus der vernichtenden Situation herausführen will. – Johannes hatte sich am Ende des zweiten Dramas Lucifer übergeben. Was sich dadurch in ihm entwickelt hatte, spricht er im 2. Bilde des dritten Dramas so aus:

> Ich hatte, ehe ich mein Werk begann,
> Mich Lucifer gewidmet, dessen Reich
> Ich kennen und verstehen lernen wollte.
> Erst jetzt erkenne ich, was ich nicht wußte,
> Als ich im Schaffen ganz verloren war,
> Daß er mein Denken mit den schönsten Bildern
> Umgab, dabei jedoch in meiner Seele
> Die wilden Triebe schuf, die jetzt noch
>   schweigen,
> Doch künftig mich gewiß beherrschen werden.

Das 3. Bild führt demnach in das Reich des Lucifer hinauf. Wie haben wir in dem bisherigen dramatischen Verlauf die Gestalt des Lucifer kennengelernt?

Im ersten Drama tritt am Ende des 1. Bildes eine Frauengestalt mit dem Namen Helena auf. Von ihr hieß es im Personenverzeichnis, daß im Verlaufe der Handlung sich ihr Urbild als Lucifer offenbart. Der Erkenntnisweg des Johannes Thomasius hat sich als ein schwerer Leidensweg gezeigt. Helena will ihn dazu überreden, daß geistige Erkenntnis nur mit Freude, mit Seligkeit, mit Gesundheit verbunden sein könne. Im 7. Bilde des ersten Dramas aber erlebten wir, daß Johannes Thomasius geradezu in dem Leid, in dem tiefen Schmerz die Ursache für die Erkenntnis erblicken muß. Helena will das Geisterlebnis trennen von dem Schmerzensgrund in der Seele des Erkenntnissuchers. – Im 4. Bilde des ersten Dramas tritt der neu errungenen imaginativen Erkenntnis des Johannes Thomasius die Gestalt Lucifers entgegen. Lucifer schildert, was er dem Menschen durch die Evolution gegeben hat. Er hat ihn der geistigen Führung entrissen und ihm die Sinneswelt eröffnet. Freiheit, Eigenwollen, Selbstseinsglück: das sind die Gaben Lucifers an den Menschen. Im 10. Bilde des ersten Dramas tritt Lucifer wieder an Johannes Thomasius, den Eingeweihten, heran, an den Menschen, der die geistige Welt wieder betreten hat. Jetzt führt Lucifer die Gegengeste aus. Er macht seine Macht geltend, um den Menschen im Nur-Menschlichen, im Nur-Seelischen festzuhalten. Er bedroht ihn geradezu.

Bewahr dich selbst
Im Geisteswagnis.
Du findest fremdes Wesen
Im weiten Höhenreich;
Es wird dich bannen
An Menschenlos,
Es wird dich auch bedrücken.

Im Sonnentempel der «Pforte der Einweihung» tritt Lucifer uns entgegen – wie in den beiden vorigen Bildern immer an der Seite Ahrimans – zusammen mit Benedictus, als der Überwundene. Aber nur für die Erdensphäre überwunden. Der Paradiesapfel der Erkenntnis ist zwar verzehrt, aber seine Kerne sind aufgegangen zu geistiger Erkenntnis. Lucifer verspricht, neue, schönste Früchte dem ins Geistige zurückgedrungenen Menschen bereiten zu können. – Dann tritt Lucifer, zusammen mit Ahriman, wieder an Johannes Thomasius heran im 5. Bilde der «Prüfung der Seele», und zwar in dem Augenblick, als Johannes Thomasius seinen Doppelgänger erlebt hat. Es ist ein Moment allerpersönlichster Erschütterung, Erniedrigung, vernichtenden Schmerzes. Nachdem Maria sich von dem Geisteswege des Johannes getrennt hat, vernichtet sich so das Band zu Maria in der Seele des Johannes von innen her. Darum spricht Lucifer hier nicht in dieser allgemeinmenschheitlichen Sprache, sondern ganz persönlich, unmittelbar in die Seele greifend. «O Mensch, besiege dich», ruft Lucifer dem in seine niedere Sinnesleidenschaft Verstrickten zu – aber auch das so rätselvolle wie verführerische Wort: «O Mensch, erlöse mich.» Johannes hat Lucifer in seinen Seelenhöhen überwunden. In den Wesenstiefen, in der Leidenschaft, im Blute aber bleibt Lucifer Johannes verbunden. Ruft er nach Erlösung, um seine ganze Gewalt wieder über den Menschen zurückzuerlangen? Oder ruft er nach Erlösung seines eigenen Wesens *durch* den Menschen?

Du wirst mich immer finden
Auf deinen Lebenswegen,
Willst du dich unterwinden,
Dich ganz vor mir zu schützen.

Hieraus spricht der Wille nach Beherrschung, nicht die Sehnsucht nach Selbsterlösung. Es klingt wie eine Drohung. – Dann haben wir Lucifer wieder gesehen in der mittelalterlichen Burg. Hier tritt er an den Priester, den Mönch heran – die frühere Inkarnation der Maria – und sucht diesen zu überreden, ein Glaubensfanatiker zu werden, den Glauben seiner eigenen Seele mit aller Gewalt entgegenzuhalten dem Glauben des Ritterbundes. – In dem bedeutsamen 12. Bilde der «Prüfung der Seele» erscheint uns wiederum Lucifer. Der frühere Ruf, den Eingeweihten in das Nur-Menschliche zurückzudrängen, vom Blute aus auch die geistigen Kräfte des Johannes wieder in die Gewalt zu bekommen, scheint hier zum Ziele zu gelangen. Durch die Erschütterung des Doppelgänger-Erlebnisses wendet sich Johannes wie in Furcht der Führung durch seine leiblichen Triebe zu. Er flieht gleichsam in den Schutzwall seines Leibes zurück. Das Maß für sein weiteres Leben nimmt er aus seiner früheren Inkarnation, aus der des Bergwerksmeisters Thomas. In dem leiblichen Weltenwillen, durch den Thomasius sich geführt sieht, wirkt aber Lucifer. – Im Sonnentempel der «Prüfung der Seele» spricht Lucifer davon, auf welche Weise er in die Menschenseele eindringen kann: immer dort, wo sich Seelensondersein bildet. Da, wo Menschen sich voneinander trennen, da findet er Einlaß in die Seele. – Lucifer ist der Bildner der Egoität, indem er den Menschen erst von den Göttern losreißt, um dann Mensch von Mensch zu trennen.

Wie wird sein Reich dargestellt? In der szenischen Bemerkung des 3. Bildes heißt es: «Im Reiche des Lucifer. Ein Raum, der nicht durch künstliche Wände begrenzt ist, sondern durch pflanzen- und tierähnliche und sonstige Phantasieformen.» Sein Reich wird also nicht aus mineralischen oder architektonischen Formen gebildet, sondern lebendige und beseelte Gestalten bilden die Wände.

«Links der Thron des Lucifer». Lucifer erscheint also wie eine Majestät, erhoben, auf einem Throne sitzend, regierend.

Um dieses 3. Bild zu verstehen, muß man sich erinnern der karmischen Beziehung zwischen Maria, Capesius und Johannes Thomasius, wie sie sich im zweiten Drama gebildet hat. Alle drei Gestalten schauten zur selben Zeit zurück auf ihre frühere Inkarnation im Mittelalter. Die Seele des Capesius war damals der leibliche Vater der Seele des Johannes Thomasius. Die Seele Marias war verkörpert in jenem Mönch, der durch Gedanken, durch seinen geistigen Einfluß, auch durch seinen Glaubensfanatismus die Seele des Thomas – Thomasius – so an sich band, daß sie ihrem Vater entfremdet wurde, ja, daß eine Feindschaft zwischen dem Sohn und dem Vater für den Rest des Lebens eintrat. Der Vater, der 2. Präzeptor des Ritterbundes, war schuldig geworden an seinem Sohn, weil er die Blutsbande aufgelöst hatte, indem er sich von seiner Familie trennte, und dadurch eine Verwirrung in das Verhältnis von Bruder und Schwester, von Thomasius' und Theodoras Seele, brachte. Durch die Schuld des Vaters eben wurden Bruder und Schwester als kleine Kinder voneinander getrennt, suchten aber einander im Leben, getrieben durch die Blutsbande, und fanden sich, ohne einander als Bruder und Schwester zu erkennen. Kurze Zeit, bevor die Ehe geschlossen werden sollte, erkannten sie erst einander als Bruder und Schwester. Aber der Irrtum hatte sie schon im seelischen Erleben als Mann und Frau in leidenschaftlicher und inniger Liebe verbunden. Der Vater hatte also ein seelisches Leben zwischen beiden Geschwistern entzündet, das sich dann als Wahn herausstellte und so eine plötzliche Wendung in dem wirklichen Geschwisterverhältnis hervorrief. Aber auf diesem Wege war ein leidenschaftliches Verhältnis doch einmal eingetreten. Und Maria war unschuldig-schuldig an der Trennung von Sohn und Vater geworden. Und die Seele des Johannes Thomasius war darin schuldig geworden, daß sie alle Blutsbande, alle Innigkeit, die er in seinem Herzen für den Vater fühlte, unterdrückte und sich ganz den Gedanken, dem Glaubensbekenntnis des Mönches hingab. Leidenschaft im Gedanken, Glaubensfanatismus rief im seelisch-menschlichen Bereich Haß hervor. Diese gegenseitige Verstrickung in Schuld besteht nun zwischen diesen drei Menschen. Erkannt wird diese Situation aber nur in völliger Klarheit durch Maria und Benedictus. Wir erleben das im Sonnentempel der «Prüfung der Seele», in dem Maria und Benedictus die notwendigen Entschlüsse fassen. Wenn für Maria das erste zur Heilung der jetzigen Situation die volle Erkenntnis der alten Lebensfehler ist, so ist das zweite eine Sühne durch freien Opferwillen, um als drittes Lebenstaten zu verrichten, die sich aus ihrer Schicksalsbeziehung zu Capesius einerseits und Thomasius andererseits ergeben. Was zu tun ist, faßt sie in ein Gelöbnis zusammen. Dieses Gelöbnis wird immer wieder nun eine große Rolle spielen im Fortgang der Mysteriendramen. Sie nennt es das heilig-ernste Gelöbnis. Was gelobt sie? Sie spricht es aus im Sonnentempel des zweiten Dramas:

> Wenn meine Seele Treue halten kann
> Dem Licht, das ihr die Geistesmächte spenden,
> Wird sie sich Kräfte schaffen durch die Dienste,
> Die sie Capesius vermag zu leisten
> Auf seiner schweren Lebenspilgerfahrt.
> Sie wird mit Kräften, die sie so erwirbt,
> Gewiß Johannes' Stern auch dann erschauen,
> Wenn er, von Wunschesfesseln abgelenkt,
> Den Weg nicht wandelt, den das Licht bestrahlt.

Das Gelöbnis enthält dreierlei Pflichten. Die erste ist die Treue zu dem Geisteslicht. Aus dieser Treue folgt als zweite Pflicht die Fähigkeit, Capesius in seinem schweren Ringen beizustehen. Wie schwer dieses Ringen werden wird, haben wir im 10. Bilde des zweiten Dramas erlebt. Capesius kehrt aus dem geistigen Schauen seines früheren Lebens wie paralysiert zurück. Und die dritte Pflicht ist, den Stern, das reine geistige Wesen des Thomasius nie aus ihrem schauenden Bewußtsein entschwinden zu lassen, auch jetzt nicht, wo er durch die Finsternis, durch den Abgrund der luziferischen und ahrimanischen Gewalten zu gehen gezwungen ist. Diese Pflicht läßt auf die allerdeutlichste Weise das karmische Band erkennen. Denn die Kräfte, Johannes beizustehen, kann Maria nicht unmittelbar aus sich nehmen, sondern nur aus der Hilfe, die sie Capesius leistet. Aus der Bindung an Capesius, den sie in einem früheren Leben als ihren Glaubensfeind behandelt hat, erlaubt sie sich, erst die Kräfte entstehen zu lassen, die dann zum Heil des Johannes bereit sein sollen. Daß Maria sich selbst auf diesem Wege die allergrößte, reinste Selbstlosigkeit abfordert, ist deutlich. In eine solche innere Wendung der Seele einzudringen, heißt eigentlich erst in die wirkliche Dramatik dieser Mysteriendramen einzutauchen. Wir sind zu sehr gewohnt an äußere Wendungen der Seele im Drama. – Maria fährt fort:

Erkennen wird sie aus der Geistesschau,
Die sie geführt in ferne Erdentage,
Wie sie gestalten soll die Seelenbande
In *dieser* Zeit, so daß die Lebenskräfte,
Die aus der Dumpfheit sich bereitet haben,
Im Sinn des Menschenheiles weiter wirken.

Und gegen Ende dieses Bildes faßt Benedictus noch einmal das Gelöbnis zusammen, woraus wir dann die unmittelbare Exposition für den Eintritt in das 3. Bild des dritten Dramas, in das Reich Lucifers haben:

Wenn deine Seele Treue hält dem Licht,
Das dir des Geisteslandes Mächte spenden,
Dann wird Johannes' Seele nach der deinen
Auch in des Wunschgebieters Reichen dürsten
Und durch die Liebe, die sie dir verbindet,
Den Weg zum Höhenlichte wiederfinden.

Maria mußte sich von Johannes trennen, damit Johannes seine geistigen Kräfte selbständig, in tiefer Einsamkeit erringen konnte. Jetzt aber ist das einzig Rettende aus den Gefahren die Liebe, die Treue Marias zu Johannes. Wir kehren gleichsam zum Anfang dieses Verhältnisses zurück, aber auf neuem Boden.

Wir finden zu Beginn des 3. Bildes Maria und Capesius in Lucifers Reich. Die ersten Worte, die gesprochen werden, beinhalten die Frage der Maria an Capesius:

Du, welcher mir im Reich des Sinnenseins
Bekannt ist als Capesius, ...

Diese Worte führen uns unmittelbar aus der Erdensphäre heraus. Denn eine Seele spricht zu einer anderen Seele so, daß der Name und diese Seele nicht unmittelbar Eines sind. Sondern dieser Erdenname ist eine Eigenschaft unter anderen Eigenschaften in dieser Sphäre. Wir selbst als Zuschauer werden aus dem Erdenleibe herausgeführt.

Du, welcher mir im Reich des Sinnenseins
Bekannt ist als Capesius, weshalb
Begegne dir ich als dem ersten Wesen
In Lucifers Bereich? Gefährlich ist's,
Umweht zu sein vom Geiste dieses Ortes.

Das erste Wort in diesem Reich ist die Frage Marias. Sie ringt um das Bewußtsein der Schicksalsbeziehung zu Capesius. Lucifers Reich eröffnet sich ihr in der Begegnung mit Capesius. Und Capesius antwortet:

O rede mir nicht von Capesius!

Die Seele, die da oben in Lucifers Reich lebt, möchte nichts wissen von der Verkörperung dieses ihres Wesens auf der Erde. Nur im Schmerz kann sie auf dieses Wesen hinschauen. Die Seele schildert das Capesius-Wesen auf der Erde als einen Geschichtsforscher, der durch seine Gedanken Wirklichkeiten zu erfassen suchte. Aber aus der Höhenperspektive von Lucifers Reich erkennt er, daß diese Gedanken nur leichte Träume sind, ohnmächtig, Wirklichkeit zu erfassen, ja, Wirklichkeit zu ertragen.

In Furcht und in Betäubung fielen sie,
Wenn sie erfahren könnten, wie die Geister
Den Lauf des Seins nach ihrem Sinne lenken.

Er sagt, daß diese Gedanken in Furcht und in Betäubung fallen würden, wenn sie sich der Realität des Geistdaseins bewußt wären. Die erschütternde Erkenntnis von der Unwirklichkeit der Erdengedanken läßt Capesius fliehen vor der Wirklichkeit der Erde überhaupt. Die Seele des Capesius erlebt sich vollständig ohnmächtig gegenüber ihrer Erdeninkarnation. Sie erlebt sich wie ein ungeborenes Wesen, das keinerlei Berührung mit dem Erdenbereich besitzt. Und doch ist er mit seinem Leibe verbunden. Er lebt wie ein Wahnsinniger, der die Macht über das Instrument des Leibes verloren hat. Helena, deren Urbild sich als Lucifer offenbart, sprach im ersten Drama aus, daß geistige Erkenntnis ohne Leid und ohne Krankheit errungen werden müsse. Das erste Drama belehrt uns darüber, wie aus Leid geistige Erkenntnis geboren wird. Jetzt erfahren wir, daß das Leid so stark werden kann, daß es Krankheit hervorruft. So empfindet Maria die Seele des Capesius einer Seele verwandt, die als Ungeborene im geistigen Bereich lebt. Sie stellt ihm entgegen das Empfinden einer Seele, die gesund im Leibe lebt und die gesund im geistigen Bereich lebt.

Du sprichst, wie ich nur Wesen sprechen hörte,
Die nie im Erdenreich verkörpert waren.
Sie sagen, dieses Reich sei nicht bedeutend
Und seine Wirkung nur gering im All.
Doch wer dem Erdenreiche zugehört
Und seine besten Kräfte ihm verdankt,
Der muß fürwahr ganz andrer Meinung sein.
Er findet wichtig viele Schicksalsfäden,
Die Erdensein mit Weltensein verbinden.

Gerade die Verbindung zwischen der Erdensphäre und der Geistessphäre ist für Maria wichtig. Und nun sagt sie ein merkwürdiges Wort:

Auch Lucifer, der hier gewaltig wirkt,
Er hält den Blick zur Erde hin gerichtet

Eigentlich sagt Maria zu Capesius, er sei hier in einem Bereich, in das er nicht recht hineinpasse. Denn der Herr dieses Reiches halte ebenfalls sein Bewußtsein sowohl für das geistige Bereich wie für das Erdenbereich offen. Und warum tut Lucifer dies?

Auch Lucifer, der hier gewaltig wirkt,
Er hält den Blick zur Erde hin gerichtet
Und sucht der Menschen Taten so zu lenken,
Daß deren Früchte seinem Geiste reifen.
Er weiß, daß er der Finsternis verfiele,
Wenn er auf Erden keine Beute fände.

Von Beute ist die Rede. Es ist also mehr von einer Art Räuber hier die Rede. Aber auch diese königliche, hierarchische Gestalt Lucifers kann nicht leben, ohne den Blick auf die Erde zu richten, ja, ohne Beute von dieser Erde mitzunehmen. Maria dagegen spricht nicht von Beute, sondern sie spricht von den besten Kräften, die sie aus dem Erdensein gewinnt für das geistige Sein. So sagt Maria von Lucifer, daß auch sein Schicksal von der Erde abhängig ist.

So hängt sein Schicksal auch von dieser ab.
Und so ist's auch für andre Weltenwesen.
Und wenn die Menschenseele Weltenziele
Im Bilde schaut, die Lucifer erstrebt,
Und sie vergleicht mit dem, was Mächte wollen,
Die ihn zum Gegner ihrer Ziele haben,
So kann sie wissen, daß sie ihn verdirbt
Durch Siege, die sie über sich erringt.

Die Worte, die hier in dieser Szene gesprochen werden, sind von einer solchen Tiefe, daß man eigentlich immer wie betäubt von dieser Tiefe ist. Man möchte sagen: Halt, noch einmal! Aber die Worte sind schon wieder hinweg. Aber das gehört zum Stil dieser Szene, zum inneren Wesen und Geist dieser Szene. Tiefste Weisheit strömt durch diese Worte, das seelische Bewußtsein wie betäubend. Aber immer ist es Weisheit, Weisheitslicht. – Wenn also die Seele schaut, wie Lucifer mit den guten Göttern im Kampfe liegt und wenn sie erfaßt, welche Ziele Lucifer erstrebt und welche Ziele die guten Götter sich gesetzt haben, dann kann die Seele sich ein Wissen erringen, wodurch sie

Lucifer besiegen kann. Und wie kann sie Lucifer besiegen? Durch Siege, die die Seele über sich selbst erringt.

Nun schildert Capesius, in welchem Zustande er sich erlebt. Er schildert, wie er in seinem Leibe nur unter grauenvollen Schmerzen lebt. Wie nichts ihn selbst eigentlich mehr mit diesem Leibe und mit dem Erdendasein verbindet. Kaum ein Erinnern verbindet ihn noch mit dem früheren Dasein. Nur ab und zu erklingen Worte aus seiner Umgebung, für die er sonst völlig fühllos ist, die Geistiges beinhalten. Und solche Worte ziehen ihn leise zurück in das Erdenleben. Aber das sind nur Worte, die das Schöne, das Beseligende der Geisteswelt wiedergeben. Alles andere geht an ihm vorüber. Er lechzt nach dem Augenblick, der ihn endlich von diesem Leibe durch den Tod ganz befreien wird. Diese Seele des Capesius hat also ein Verhältnis zu ihrem Leibe, das nur in Furcht, in Haß, in Entsetzen besteht. Was entgegnet Maria dieser Seele?

> Der Leib, der Erdenseelen eigen ist,
> Er trägt in sich die Mittel, göttlich Schönes
> In hehren Bildern wirksam nachzuschaffen.

Maria schildert das Wesen der Kunst, das Wesen des schönen Scheines auf der Erde, in dem sich die geistige Welt neu erschafft. Die Kunst kann nur entstehen, wenn ein Wesen ein gesundes Verhältnis sowohl zu der geistigen wie der irdischen Welt besitzt. Darum gehört die künstlerische Kraft zu den besten Kräften, die ein solches Wesen sich erringen kann. Maria fährt fort:

> Und diese sind, wenn auch ihr Dasein nur
> Sich schattenhaft in Menschenseelen zeigt,
> Die Keime doch, die einst im Weltenwerden
> Zu Blüten und zu Früchten werden müssen.

Die Bilder des Schönen sind die Keime der Zukunft, aber nicht nur für die Erde, sondern für das gesamte Weltenwerden. Diese Keime können nicht aus dem rein geistigen Dasein geholt werden, sondern gerade aus dem Leben im Leibe. Der Leib wird zum Keimgrund einer zukünftigen Welt.

> So dient durch seinen Leib der Mensch den Göttern.
> Und seines Seelenlebens wahrer Sinn
> Erscheint ihm nur, wenn sich in seinem Leibe
> Die Kraft zum wesenhaften «Ich» erfühlt.

Was sagt Maria in Luzifers Reich zu der Seele des Capesius? Sie sagt, daß gerade das geistige Wesen dieser Seele, der wirkliche Kern seines Wesens, sein wesenhaftes Ich für ihn nur erreichbar wird, wenn er es aus dem Leibe heraus erstrebt. Unmittelbar nur in der geistigen Welt ist es nicht zu finden. Zwar urständet dieses Ich in der geistigen Welt, aber die Kraft, es zu erfassen, es zu erfühlen, bildet sich nur innerhalb des Leibes. Und Capesius antwortet:

> O sprich dies Wort doch nicht vor jenem Wesen,
> Das dir im Geistgebiete jetzt erschienen
> Und als Capesius auf Erden lebt.
> Es möchte fliehen, wenn das Wort erklingt,
> Das hier es furchtbar brennt.

Das Wort vom Ich brennt Capesius' Seele in diesem Bereich. Es ist ja nötig, sich den Stoff der Mysteriendramen immer wieder erst heranzuholen, sich selber heranzuerziehen zum Erleben dieses Inhaltes, um in die wirkliche Dramatik dieser Szenen eintauchen zu können. – In Maria wird die Frage nach der Begegnung mit Capesius immer intensiver. Sie ruft aus:

> So hassest du,
> Was Menschen erst zu wahren Wesen macht?
> Wie kannst du hier in diesem Reiche leben,
> Wenn dir dies Wort so furchtbar kann erscheinen?
> Denn niemand kann ja doch hierher gelangen,
> Der dieses Wortes Wesen nicht erlebt.

Lucifer ist ja doch der Geist, der gerade den Menschen auf sein Ich gestellt hat. Lucifer hat dem Menschen das Eigenwollen, die Freiheit von der geistigen Welt gegeben. Lucifers Blick ist dauernd gerichtet auf die Erdenwelt. Ja, niemand kann in dieses Reich Lucifers gelangen, so sagt Maria, der das Wesen des Eigennamens nicht erleben kann. Der Eigenname – in diesem Falle Capesius – deutet eben aus dem Erdenbewußtsein auf die Entelechie. Und nur aus der Persönlichkeit heraus können wir Individualität oder Entelechie werden. Der Eigenname ist der Wortkeim für das Ich. In dieser Tatsache lebt überhaupt das Wesen der Schönheit. Schönheit aber waltet in dem Reich Lucifers. So fragt Maria, wie Capesius überhaupt in dieses Reich eindringen konnte, wie er sich hier aufhalten kann, wohin er doch gar nicht paßt. Denn gerade das Wesen der Schönheit, das Wesen der Erden-Himmelssphäre der Kunst flieht er.

Nun antwortet Capesius wieder auf eine Weise, die wir schon an ihm kennen. Aus seiner Seele ringen sich Worte heraus, die unsäglich tief erscheinen, die aber so geäußert sind, wie ein Mensch spricht, der wie hinweggehoben ist in seinen Gedanken, der Geniales äußert aus einer Art Zerstreutheit der Gedanken, der mit dem Schwerpunkt seiner Seele in einer tieferen Sphäre lebt. Aus dieser Tiefe dringt der Kern seiner Worte.

> Der jetzt vor dir sich zeigt, er stand recht oft
> Vor Lucifer, der dieses Reich beherrscht.
> Und dieser hat ihm offenbaren können,
> Daß dem Gebiet, das seinem Willen folgt,
> Nur Schaden jene Menschenseelen bringen,
> Die sich bewußt der Kraft bedienen können,
> Die ihnen aus dem Erdenleibe kommt.

Lucifer hat Capesius darüber belehrt, daß gerade Menschen, die wie Maria das Ichbewußtsein im Leibe entzündet haben, so daß es in das Geistbereich hineinwächst, gerade solche Menschen bringen dem Reiche Lucifers Schaden. Wie aber müssen die Seelen beschaffen sein, die Lucifer sich zu Freunden erwählt? Capesius sagt es:

> Doch jene Seelen, die in Ohnmacht nur
> In diesem Leibe noch ihr Dasein leben
> Und doch die Seherkräfte schon besitzen,
> Die *lernen* nur in Lucifers Gebieten
> Und können diesen keinen Schaden bringen.

Ein Zustand der Krankheit wird geschildert, eine Ohnmacht gegenüber dem Leibe, aber von einer Seele, die hellsichtige Kräfte besitzt. Eine solche Seele kann in Lucifers Gebiet lernen. Sie verursacht keinen Schaden. Eine solche Seele ist nicht länger ein Gegner Lucifers, sondern vermöge ihrer Hellsichtigkeit vermag sie dort zu lernen und ist von Lucifer gelitten. – Was Maria nun antwortet, werden wir nur erfassen, wenn wir uns ihres Gelöbnisses erinnern und der ersten Frage, mit der die Szene beginnt:

> Ich weiß, daß man in diesen Geistesreichen
> Durch Worte nicht, daß man durch Schauen lernt.
> Was ich in diesem Augenblick erschaut
> Dadurch, daß du vor mir erschienen bist,
> Es wird in meiner Seele sich erweisen
> Als Fortschritt meiner Geistesschülerschaft.

Durch Schauen lernt die Seele in dem Reiche Lucifers. Worte sind in diesem Reiche etwas ganz anderes. Was sie sind, werden wir bald erfahren. Schauend aber lernt Maria jetzt etwas, das sie zu einem Fortschritt in ihrer Geistesschülerschaft führt. Was ist es, das sie lernt? Vor sich hat sie eine Seele, die das Verhältnis zu ihrem Leibe nicht mehr findet. Sie findet aber dadurch auch nicht ihren Zusammenhang mit den guten Göttern. Und damit findet sie auch nicht den Zusammenhang zu ihrer wahren Ichwesenheit. Das folgt ja aus dem Vorangegangenen. – Wieder spricht Capesius Worte, die aus einer unendlichen Tiefe kommen.

> Doch Lehren nicht allein empfängt man hier;
> Auch Pflichten zeigen sich an diesem Ort.
> Du hast das Seelen-Wesen hier gesprochen,
> Das sich Capesius im Leibe nennt.
> Die Geistesblicke in vergangnes Leben,
> Die dir geworden sind, sie zeigen dir,
> Daß du ihm durch dein Karma vieles schuldest;

Also Capesius wendet ein, daß Maria hier nicht nur zu lernen, sondern daß sie auch Pflichten zu übernehmen habe. Ja, daß sie gerade ihm Hilfe schulde. Denn das Karma der mittelalterlichen Inkarnation lege Maria eine solche Hilfeleistung als Pflicht auf.

> Deshalb sollst du von Lucifer erbitten,
> Daß er, der hohe Lichtesträger, dich
> Capesius auf Erden schützen lasse.
> Du wirst durch deine Weisheit gut erkennen,
> Was du ihm leisten kannst, daß er dir auch
> Im spätern Erdenleben zugeführt,
> Und dann die Schuld durch dich getilgt kann werden.

Capesius bittet also um Schutz auf der Erde. Er ruft Maria zu dem auf, was sie sich selber gelobt hat. Aber wie soll sie dies Gelöbnis erfüllen? Durch Lucifers Weisung, in Lucifers Auftrag. Wie soll Maria dies verstehen? Darum fragt sie:

> So soll ich diese Pflicht, die mir so heilig,
> Durch Lucifers Gewalt erfüllen lassen?

Capesius aber begründet diesen Wunsch nicht. Er tritt einfach aus der Tiefe seiner Seele hervor. Wie ein Rätsel steht er da. Er antwortet nur:

> Die Pflicht, du wirst sie ja erfüllen wollen.
> Das kannst du nur, wenn Lucifer dir hilft.
> Doch schon erscheint er selbst, der Geist des Lichts.

Und damit geht Capesius ab, er flieht, während das verhandelt wird, was ihn selbst angeht, was er selber herbeifleht. Lucifer tritt auf und besteigt seinen Thron. Wenn jetzt

Lucifer Maria anspricht, so muß man sich dramatisch die innere Frage Marias gegenwärtig halten, die sie Capesius gestellt hat. Warum soll sie Lucifer um Hilfe bitten, wenn sie selber Capesius helfen will? Wir werden lange warten müssen, bis wir eine Antwort auf diese Frage erhalten. Im Verlauf der Rede des Lucifer tritt auf Benedictus. Lucifer spricht:

Maria, du begehrst vor meinem Throne
Die Selbsterkenntnis für die Menschenseele,
Der du im Erdenleben nahe stehst.
Sie soll durch Schauen meines Wesens sich
In ihrer Wahrheit erst erkennen lernen!
Sie wird dazu auch ohne dich gelangen.
Wie kannst du glauben, daß ich dir gewähre,
Was du für deinen Freund erreichen willst?
Du nennst doch Benedictus deinen Lehrer.
Er ist im Erdgebiet mein starker Gegner,
Der meinen Feinden seine Kräfte weiht.
Er hat mir vieles schon entreißen können.

Lucifer macht eine Kampfansage an Maria. Mit keinem Wort berührt er das vorangegangene Gespräch mit Capesius. Er weiß, daß Maria für Johannes Thomasius die Selbsterkenntnis begehrt. Aber er schlägt diesen Wunsch ab, denn Maria begehrt, daß Thomasius die Selbsterkenntnis dadurch erlangt, daß er das Wesen Lucifers wirklich kennenlernt. Das aber will Lucifer nicht. Das beeinträchtigt seine Wirksamkeit. Er will vollkommene Herrschaft über Johannes haben. Er selbst will ihm die Seherkräfte, die ihm jetzt noch fehlen, geben, um Lucifers Wesen zu erfassen. Nicht Benedictus soll diese Seherkräfte ihm geben, sondern er, Lucifer. Triumphiehrend ruft Lucifer aus, daß Johannes sich von Benedictus losgesagt habe.

Johannes hat von ihm sich losgesagt.
Er hat sich meiner Führung anvertraut.
Er kann noch nicht mein wahres Wesen schauen,
Weil ihm die volle Seherkraft noch fehlt;
Er wird sie später durch mich selbst erlangen,
Dann wird er völlig mir zu eigen sein.

Lucifer spricht ein Wort, das manche Könige sprechen. Er sagt, daß er das, was ihm nicht gefällt, auch nicht hören möchte. Aber es geht bei ihm viel weiter, dieses Wort, das er nicht hören will, das muß ihn brennen. Darum sagt er:

Doch dir gebiete ich, kein Wort zu sprechen,
Das auf Johannes sich beziehen könnte,
Solange du vor meinem Throne stehst.
Ein solches Wort, es müßte hier mich brennen.
An diesem Orte sind die Worte Taten,
Und weitre Taten müssen ihnen folgen.
Doch was aus deinem Worte folgen soll,
Es darf nicht sein.

Wir haben erfahren, daß man in Lucifers Reich durch Schauen lernt. Daß Worte etwas anderes sind. Jetzt erfahren wir, was sie sind: Worte sind Taten. Was also hier in Worten sich abspielt, der Dialog, das sind Taten! Nun greift Benedictus in diesen Kampf ein:

Du mußt sie hören.
Denn wo das Wort die Kraft der Tat besitzt,
Ergibt es auch aus frühern Taten sich.
Getan ist schon, was Lucifer bezwingt.

Was ist es, das schon getan ist, um Lucifer zu bezwingen? Das heilig-ernste Gelöbnis Marias ist es. Und welche Kraft wird Johannes freikämpfen aus den Banden Lucifers? Die Liebe Marias zu Johannes und die Liebe des Johannes zu Maria. So erwidert Maria dem Lucifer. Diese Erwiderung hat etwas Königliches. Wie ein souveräner Fürst zu einem anderen spricht, so etwa erscheinen ihre Worte. Lucifer befiehlt als Majestät: Du darfst nicht sprechen. Maria aber antwortet ihm:

Johannes
Wird hier erscheinen; doch zu der Gestalt,
Die Erdenseelen als die ihre wissen,
Wird noch das Wesen treten, das der Mensch
Als stärk're Ebenbild verborgen trägt.
Wenn dich Johannes nur erkennen würde,
Wie du vor seiner Erdgestalt dich zeigst,
Es würde ihm nicht alles geben können,
Was er zu seinem Seelenfortschritt braucht.
Dem Ebenbild gewähren sollst du jetzt,
Was er gebraucht auf jenen Geisteswegen,
Auf welchen künftig ich ihn führen soll.

Maria spricht eine Bitte aus an Lucifer. Es ist nicht die Bitte, die ihr Capesius aufgetragen hat. Diese Bitte bleibt unberücksichtigt. Es ist wichtig, auch das zu erkennen, was nicht weiter dramatisiert wird. Die Bitte des Capesius bleibt stehen. Maria bittet, daß dem Ebenbilde, dem ätherischen Doppelgänger des Johannes Thomasius, das gewährt wird von Lucifer, was notwendig ist, wenn Johannes fortschreiten soll. Was kann Lucifer dem Doppelgänger des Thomasius gewähren? Grollend fügt sich Lucifer der Gewalt, die Benedictus und Maria auf ihn ausüben, und antwortet:

So muß Johannes denn vor mir erscheinen.
Ich fühle wohl die Kraft, die ihr erzeugt;
Sie ist mir feindlich seit dem Erdbeginn.

Es erscheinen von verschiedenen Seiten herkommend, sich gegenseitig wie im Spiegelbilde erblickend und bewegend, Johannes Thomasius und sein ätherisches Ebenbild. In ganz anderer Weise, als wir es in dem zweiten Drama kennengelernt haben, spricht Johannes nun zu seinem Doppelgänger. Er erinnert sich des Schreckens, mit dem er ihn zuerst erblickt hat. Er gesteht, daß er immer noch wenig verstehen kann, was aus diesem Doppelgänger spricht. Aber er fühlt die Gewalt dieses Wesens über seine Seele. Er fühlt diesen Doppelgänger wie ein Hemmnis seines Strebens. Auch ein Hemmnis seiner Selbsterkenntnis. Da der Wille des Doppelgängers stärker ist als sein eigener, kann er sich selbst nicht erfassen. Er spricht das rätselvolle Wort, daß er den Doppelgänger vor Lucifer, dem Geiste des Lichtes, sprechen hören muß, um zu erfahren, was er selbst, Johannes Thomasius, in Zukunft noch vollbringen wird. Was Johannes für sich von diesem Sprechen erwartet, ist Licht, ist Weisheit. – Was der Doppelgänger spricht zu Johannes, bezieht sich auf das 5. Bild im zweiten Drama. Er weist darauf hin, wie er Johannes die Wahrheit über sein Verhältnis zu Maria gezeigt hat. In Johannes wurde dies Verhältnis nicht durch den Geist gelenkt, sondern durch Trieb und Leidenschaft. Nun spricht der Doppelgänger ein Wort aus, das wie eine Antwort ist auf die Frage des Johannes an ihn, daß er ihn, den Doppelgänger, vor Lucifer sprechen hören möchte. – Maria hatte zu Beginn des Bildes Capesius gesagt, daß der Mensch durch seinen Leib göttlich Schönes bilden könne. «So dient durch seinen Leib der Mensch den Göttern.» Wer gibt dem Menschen diese Kraft?

Doch du, erhabner Lichtesträger, wiesest
Der Sinnlichkeit den Weg, auf dem sie dienstbar
Dem Geiste wurde.

Von der Gebundenheit der Seele des Johannes an den Leib, an die Sinnlichkeit, ist die Rede. Diese Gebundenheit machte sich im Verhältnis zu Maria geltend. Dieser Sinnlichkeit hat Lucifer den Weg gewiesen, dem Geiste dienstbar zu werden. Rätsel über Rätsel! Widerspruch auf Widerspruch! Wie vertieft sich hier wieder das Wort des Großmeisters im Mittelalter über das Rätsel des Bösen. – Der Doppelgänger fährt fort:

Von Maria mußte
Johannes sich getrennt im Leben halten.
Seither ergab er sich dem strengen Denken;
Und dies hat Kräfte, welche Seelen läutern.
Was aus der Reinheit seines Denkens strömte,
Ergoß sich auch in mich. Ich ward verwandelt;
Ich fühle seine Reinheit auch in mir.
Er hat mich nicht zu fürchten, wenn er jetzt
Sich zu Maria hingezogen fühlt.

Johannes mußte von Maria getrennt seinen Weg gehen, weil die geistige Beziehung noch getrübt war durch Leidenschaft. Dieses Hemmnis ist überwunden. Gedankenarbeit hat die Seele gereinigt. Wenn Johannes auch im 2. Bilde geschildert hat, wie Lucifer seinen Gedankenflug befeuerte, dabei aber in seinen Seelengründen die wilden Triebe erregte, so haben diese in bezug auf Maria keine Macht mehr über ihn. Seine Liebe zu Maria ist ganz eine solche geworden, die dem Geiste dienstbar ist. – Der Doppelgänger fordert das Wesen des Johannes von Lucifer zurück. Dieses ätherische Ebenbild spricht wie ein selbständig handelndes und denkendes Wesen. Es urteilt über den Entwicklungsstand des Johannes. Es erkennt, daß in Johannes nach der strengen Gedankenarbeit nun auch die Seelenwärme, die Herzenskräfte in ihm wieder voll leben müssen. Nur so kann Johannes sich selbst als vollständigen Menschen zurückgewinnen.

Lucifer aber willigt nicht ein. Erschiene Johannes der Doppelgänger in derselben Gestalt wie im 5. Bild der «Prüfung der Seele» wieder, so würde er in Furcht vor seinem niederen Wesen seine Liebe nur dem Denken und dem kalten Wissen schenken. Lucifer aber will Johannes in ein warmes Eigensein hineinführen. Nur so kann er ihn für seine Ziele bilden. Darum sagt er:

Persönlichkeit und eignes Wesen soll
In ihm durch mich erlebend sich erfinden.

Was für ein merkwürdiger Ausdruck: Wir erfinden etwas, was noch nicht da ist, eine technische Erfindung, eine künstlerische Erfindung, oder sonst irgend etwas. Lucifer aber sagt, Johannes müsse seine Persönlichkeit erfinden. Was nicht im Karma liegt, das soll jetzt durch die Kräfte Lucifers erfunden werden. Wie soll das geschehen? Die

Liebe von Johannes zu Maria soll von dieser abgezogen werden. Johannes soll Maria nicht mehr lieben. Und doch soll er lieben, mit all der Leidenschaft, mit der er sie früher geliebt hat. Wohin soll diese Leidenschaft sich wenden? An was kann Lucifer hier anknüpfen in seiner «Erfindung»?

An dieser Stelle greift Benedictus in die Handlung ein. Er erkennt die Gefahr. Johannes ist durch seine Geisteswege in die Macht Lucifers gelangt, aber hat sich den Fesseln zu einem Teil wieder entrungen.

> Es will das Herz in ihm dem Geist sich fügen.
> Gelingt ihm dies, so wird die Wissenstat,
> Die er auf Erden leisten konnte, künftig
> Den Mächten sich zu eigen geben müssen,
> Die du schon seit dem Erdbeginn bekämpfst.

Bleibt sein Herz dem Geiste gehorsam, so wird Johannes sein Werk den guten Göttern zum Opfer bringen können. Kann Lucifer dieses Herz aber wieder verwirren, so wird das andere geschehen, was Johannes schon im 2. Bilde ausgesprochen hat. Darum fährt Benedictus fort:

> Gelingt es dir, die Liebe, die Johannes
> Bis jetzt Maria zugewendet hat,
> Durch List in jene Leidenschaft zu wandeln,
> Die du für deine Ziele jetzt gebrauchst,
> So wird er Gutes, das er leisten konnte,
> Von Geisteswelten aus in Böses wenden.

Maria ruft aus, ob denn noch Rettung möglich sei? Und Benedictus antwortet, daß jetzt die rechte Stunde des Kampfes gekommen sei. Am Orte, wo Worte Taten sind, ist jetzt der Augenblick gekommen, das heilig-ernste Gelöbnis Marias Lucifer entgegenzustellen. Lucifer nimmt den Kampf auf. Auch er läßt seine Worte zu Taten werden:

> So wirket Zwangsgewalten,
> Erfühlet Elementengeister,
> Die Kräfte eures Meisters,
> Und ebnet den Weg,
> Daß aus dem Erdgebiet
> Sich wenden kann
> In Lucifers Bereich,
> Was mein Wunsch ersehnt,
> Was meinem Willen folgt.

Es erscheint, durch die Zwangsgewalten Lucifers herbeigerufen, die Seele der Theodora. Das im Mittelalter entstandene karmische Verhältnis zwischen Johannes und Theodora einerseits und Johannes, Capesius und Maria andererseits

seits wurde geschildert. Der Angriffspunkt Lucifers für sein Wirken liegt dort. Es ist die unschuldig in die Irre geleitete Geschwisterliebe. So erfüllt Lucifer den Doppelgänger des Thomasius mit einer Leidenschaft zu Theodora, die nicht im Wesen und Schicksal des Johannes Thomasius und Theodoras liegt. Der Doppelgänger spricht diese durch Zwang vollzogene Verwandlung aus. Er ruft Tehodora zu:

> O wie verwandelst du mein ganzes Sein.
> Du bist erschienen, und ich bin ein Wesen,
> Das nur von dir erfüllt jetzt wirken kann.
> Johannes soll durch mich nun dir gehören;
> Er wird an dich die Liebe ferner wenden,
> Die seinem Herzen für Maria einst
> So furchtsam und so glühend sich entrang.

Lucifer weiß, daß diese Liebe sich schon lange in den Untergründen der Seele des Johannes entzündet hat, aber ihm noch geheim blieb. Jetzt wird sie aufsteigen und das Denken des Johannes voll erfüllen. Benedictus ruft Maria zum Kampfe auf:

> Es nahet uns der rechte Augenblick.
> Die stärkste Kraft hat Lucifer entfaltet;
> Maria, deine Seelenschülerschaft,
> Sie muß sich machtvoll ihm entgegenstellen.

Wir befinden uns in dem Reiche, in dem durch Worte Taten vollbracht werden. Lucifer verbot Maria von Johannes zu sprechen. Denn ein solches Wort müßte Lucifer hier in diesem Reiche brennen. Jetzt spricht Maria das Wort, das Lucifer brennen wird:

> Du Träger jenes Lichtes, welches Liebe
> Im Dienst der Eigenheit nur halten will, ...

Von dieser Liebe war Johannes erfüllt zu Beginn der «Prüfung der Seele». Dieser Art war seine Liebe zu Maria, die ihn zu seinen künstlerischen Schöpfungen entzündete. Von dieser Liebe verlassen, mußte er seine schöpferischen Kräfte schwinden und sterben sehen. In dieser Liebe waltet Lucifer, so sagt Maria, und fährt fort:

> Du hast im Erdbeginn den schwachen Menschen
> Erkenntnis schon verliehn, als sie von Göttern
> Bestimmt erst waren, ohne Eigenwille,
> Dem Geisteswillen unbewußt zu folgen.
> Seit jener Zeit sind alle Menschenseelen
> Der Ort, auf welchem du mit Göttern kämpfst.
> Doch nahen schon die Zeiten, welche dir
> Und deinem Reich Verderben bringen müssen.

Ein kühner Denker konnte deinen Gaben
Die Wissenschaft in solcher Art entbinden,
Daß sie den Menschengöttern sich ergibt.

Das Buch, das Gedankenwerk des Johannes Thomasius, ist eine geistige Errungenschaft, die sich dem Griff des Lucifer entrungen hat. In diesem Buch ist etwas geschaffen, was sich den guten Göttern voll ergibt. Wie der Gedanke des Thomasius sich dem Geiste gefügt hat, so möchte auch sein Herz dem Geist sich fügen. So sagte Benedictus. Und darin allein liegt die Rettung des Thomasius. Maria fährt fort:

Doch du versuchest noch einmal, die Kräfte,
Die Göttern vorbestimmt, für dich zu holen.
Weil jene Wissensfrucht, durch welche du
Die Menschen einst verführtest, Johannes
Durch seine Tat von dir nun losgelöst,
So möchtest du durch Liebe ihn verführen,
Die er nach seinem Schicksalsplane doch
Für Theodora niemals fühlen sollte.

Vormals im Paradiese hat Lucifer den Menschen durch die Wissensfrucht vom Baume der Erkenntnis verführt. Was dadurch als luciferisches Wissen, als nur der Erde zugewandtes Erkennen entstanden ist, das hat Johannes den Göttern, dem Paradiese zurückerobert. Durch Erkenntniskräfte kann Lucifer diesen Erkenntnissieger nicht mehr verführen. Dort ist er seiner Verführung entwachsen. Deshalb sucht er ihn durch Liebe zu verführen, und zwar zu einer Liebe, die nicht in seinem Schicksalsplane liegt.

Durch Liebe willst du Weisheit jetzt bekämpfen,
Wie du durch Weisheit gegen Liebe kämpftest.

Der Mensch war im Urbeginn von der Liebe der Götter umfangen. Lucifer zerstörte dieses Liebesband, indem er den Menschen durch Weisheit verführte und ihn so der göttlichen Welt entriß. Nun ist der Mensch durch Weisheit mündig geworden. Lucifer bekämpft die Weisheit des Eingeweihten, indem er seine Liebe verdirbt. Wieder ist die Wortgewalt, die sich hier in Lucifers Reich entfaltet, von unendlicher Tiefe. – Das Verhältnis von Liebe und Weisheit ist der Ort in der Seele des Johannes, wo Maria nun zum Kampfe mit Lucifer ansetzt:

Doch wisse, in dem Herzen, das Maria
In dieser Stunde dir entgegenstellt,
Hat Geistesschülerschaft die Kraft belebt,
Von allem Wissen stets die Eigenliebe
Entfernt zu halten.

Zu Beginn der Szene sprach Maria aus, daß sie dadurch, daß ihr Capesius' Seele erschienen ist, einen Fortschritt in ihrer Geistesschülerschaft machen durfte. Jetzt erleben wir die Kraft dieses Fortschritts. Capesius' Seele hat im Mittelalter durch seine Schuld in Johannes Thomasius' Seele in ihrer Beziehung zu der Seele seiner Schwester Cäcilia-Theodora den Ansatzpunkt bewirkt, an dem Lucifer nun angreifen kann. Capesius in Lucifers Reich erschauend, läßt Maria wiederum erschauen, was ihr die Kraft gibt, jetzt den Kampf gegen Lucifer und das durch Schuld Bewirkte aufzunehmen.

Niemals will ich künftig
Von jener Seligkeit mich finden lassen,
Die Menschen fühlen, wenn Gedanken reifen.
Zum Opferdienst will ich das Herz mir rüsten,
Daß stets mein Geist nur denken kann,
um denkend
Des Wissens Früchte Göttern hinzuopfern.
Erkenntnis wird mir dann zum Weihedienst.

Johannes' Geist vermochte durch seine Gedankentat den Brückenschlag von dieser Welt zu jener zu vollbringen. Aus seinen genialen Künstlerkräften heraus, aus dem luziferischen Feuer konnte er den Kristallhimmel seiner Gedanken bilden. Dies führte seine Seele den ahrimanischen Gewalten zu, denen er sich jetzt wie verhaftet, wie paralysiert entgegengestellt sieht. Er, der sich so auf eine Gratwanderung gewagt hat, auf beiden Seiten von Abgründen bedroht, nur er konnte dieses Werk vollbringen. Nicht Maria konnte dieses Werk schreiben. Ihr standen diese Kräfte nicht zur Verfügung. Aber jetzt tritt sie ein. Und es zeigt sich das Walten des Karma. Es erscheint das Rettende, das der Mensch dem Menschen geben kann. Was Johannes nicht findet, ist das Maß. Die Genialität der Maria liegt aber in ihrer Handhabung des Maßes. Maßvoll sind ihre Gedanken und Taten. – Capesius hatte Maria gebeten, daß sie von Luzifer sich die Erlaubnis geben lasse, ihn, Capesius, auf Erden zu schützen. Wie beantwortet Maria am Ende dieses Bildes diese Bitte? Sie setzt dazu an, eine Schuld des Capesius wiedergutzumachen. Aber nicht, indem sie Lucifers Erlaubnis dazu erbittet, sondern indem sie gegen Lucifer kämpft.

Und was ich so in meinem Innern wirke,
Es strömt dann auf Johannes kraftvoll über.
Und wenn in seinem Herzen künftig oft
Die Worte tönen, die von dir ihm kommen:

«Sein Menschenwesen soll in Liebe finden,
Was seiner Eigenart die Stärke gibt»,
So wird dies Herz dir machtvoll Antwort geben:

Immer, wenn diese Stimmung in Johannes auftritt, wird Maria nicht Thomasius ermahnen, sondern sie wird geistig Lucifer entgegentreten in der Seele des Johannes Thomasius. Die Seele des Menschen ist der Ort, auf dem Geist mit Geist kämpft. Und was der Mensch, Johannes, in seiner Seele vollbringt, steht in diesem Kampfe mittendrin.

Du wurdest einst im Erdenurbeginn
Erhört, als du der *Weisheit* Früchte zeigtest ...

Im Paradiese, als die verführende Schlange, wurdest du von dem Menschen erhört, als du den Apfel der Erkenntnis ihm reichtest.

Der *Liebe* Früchte sollen Menschen nur
Aus Götterreichen sich gewähren lassen.

Maria hatte am Ende des 2. Bildes zu Johannes gesprochen, daß sie ihn geleiten werde in Reiche, in denen das Götterfühlen ertrotzt werden müsse durch Siege, die aus der Vernichtung Dasein erkämpfen. Jetzt spricht sie das Wort aus, daß die Liebe dem Lucifer entrissen werden soll, daß Liebe nur aus Götterreichen empfangen werden soll. «Ich werde kämpfen», sagt Lucifer. Eine kurze Finsternis tritt ein. Und Benedictus antwortet: «Und kämpfend Göttern dienen». Der dramatische Gang selbst führt in die Substanz dieses Reiches hinein, in welchem Worte Taten sind. Jetzt erleben wir es unmittelbar. Donner erklingt, in dem die Tatenkraft des Wortes nachdröhnt, womit die Szene schließt.

Straders Geisterfahrung und Theodoras Sterben. Das 4. und 5. Bild

Das 4. Bild ist durch die folgende szenische Bemerkung charakterisiert: «Ein Zimmer in rosenrotem Grundton. Es gehört zum Heim Straders und Theodoras, die Straders Gattin ist. Man sieht der Einrichtung an, daß Theodora und Strader hier im gemeinsamen Raume verschiedenartige Arbeiten verrichten. Auf seinem Tische finden sich Modelle von Mechanismen, auf dem ihren mancherlei auf Mystik Bezügliches. Die beiden sind in einem Gespräch, das eine Art gemeinsame Versenkung am siebenten Jahrestage ihrer Ehe darstellt.»

Die ersten beiden Bilder dieses dritten Dramas haben auf den Schauplatz der menschlichen Geschichte geführt. Das 3. Bild führte an einen kosmischen Ort, an den Herrschaftsort eines hierarchischen Wesens, Luzifer. Das 4. Bild führt in eine rein menschliche Situation, nämlich in die Rückschau Doktor Straders, des Forschers, und seiner Gattin Theodora, der Seherin, auf ihre gemeinsame Ehe. Keines der bisherigen Mysteriendramen hat eine solche Szene gehabt. Nicht vorher und nicht nachher finden wir eine so rein persönliche Situation geschildert. Was das gesamte dritte Drama charakterisiert, ist die Spannweite zwischen rein menschlichen, persönlichen Situationen und rein kosmischen Situationen, in denen geistige, hierarchisch über dem Menschen stehende Wesenheiten persönlich auftreten.

Wir begegnen Doktor Strader zuerst im 1. Bilde unter den Menschen, die sich vor dem Tore des Rosenkreuzertempels versammelt haben. Er schildert dort die Erfindung, die auf mechanischem Wege ein soziales Problem zu lösen sucht. Wir sehen ihn in einer Stimmung intensiver Freude und Hoffnung. Herz und Geist sind ganz dem Ziele hingegeben, das seinen Mitmenschen dienen soll. Woher, müssen wir fragen, nimmt Strader diese Sicherheit, diese innere Kraft, ja dieses leuchtende, frohe Wesen, das wir aus früheren Szenen von ihm nicht kennen? Die Frage finden wir beantwortet hier im 4. Bilde, wo wir erfahren, daß sieben Jahre seltenen Glückes in seinem Leben verflossen sind.

Sieben Jahre ungetrübter Übereinstimmung von Seele zu Seele und innerlich harmonisches Ausreifen geistiger Kräfte hat Strader in der Ehe mit Theodora durchlebt. Der Zeitpunkt, zu dem diese Rückschau geschieht, hat bereits den Einschlag Lucifers in sich, den wir im 3. Bilde erlebt haben: die Erfüllung des Doppelgängers des Thomasius mit Leidenschaft für Theodora. Denn Lucifer versucht, die leidenschaftliche Liebe des Johannes zu Maria umzuleiten auf Theodora. Diesen Eingriff Lucifers hat Theodora unbewußt miterlebt, als ihre Seele durch magische Gewalt in Lucifers Reich hineingerissen wurde. Auch an Thomasius tritt diese Leidenschaft von außen heran: der von Lucifer verwandelte Doppelgänger zieht ihn nach sich. Thomasius spricht es aus, daß er sich der Gewalt seines Doppelgängers nicht erwehren kann. Dieser ist zunächst stärker als er selbst. So sehen wir sowohl Theodora als auch Thomasius von Lucifer wider ihren Willen in ein Schicksal verstrickt, das für beide nicht aus ihrem innersten Wesen entspringt. – Was Lucifer Theodora angetan hat, was sie unbewußt im Reiche Lucifers als furchtbaren Schmerz erfahren hat, das liegt wie eine schwere Wunde und Last in ihrer Seele an diesem siebten Jahrestage der Ehe mit Strader.

Strader schildert nun seine erste Begegnung mit Theodora (im 1. Bilde des ersten Dramas), wo sie sich gedrängt fühlte, jene Christusvorverkündigung auszusprechen. Er schildert die Erschütterung dieser Begegnung, und wie er selbst an ihrem Wesen erfuhr, daß er, wie er sagt, ein geistig armer Mann war. Ihm wurde die Nichtigkeit seines naturwissenschaftlich geschulten Wissens und Denkens gegenüber dem Wissen und Schauen Theodoras bewußt, das auf keinerlei äußerer Schulung des Denkens beruhte. Weiter schildert Strader, welchen Eindruck Thomasius auf ihn gemacht hatte, der aus einer Geistesrichtung, die Strader nur bezweifeln und ablehnen konnte, die allergrößten schöpferischen Kräfte gewann. Und auf den Mechanismus kommt er zu sprechen, der nur durch Theodoras Kräfte, durch das, was sie ihm geistig gegeben hat, geschaffen werden konnte. – Theodora ihrerseits schildert die Vergangenheit. Sie berichtet, wie vor sieben Jahren ihre hellsichtigen Fähigkeiten einen Höhepunkt erreicht hatten. Ihr Lehrer war nicht Benedictus, es war Felix Balde. Unter seiner Führung hatten sich ihre Kräfte voll entfaltet. Die Seele, die im Mittelalter der Pflegevater der Seele der Theodora war, wurde in dieser Inkarnation Pfleger ihrer geistigen Kräfte. Bei Felix Balde begegnete Theodora Professor Capesius. Dieser hatte zunächst alles abgelehnt, was von Theodora ausging. Er empfand etwas Krankhaftes in ihren geistigen Äußerungen. Doch durch sein eigenes geistiges Streben veranlaßt, fand er es wichtig, sich mit der Art Theodoras auseinanderzusetzen. Auch hier sehen wir wieder das mittelalterliche Schicksal sich auf anderer Stufe wiederholen. Damals wandte sich der Vater aus der Enge der Familie den geistigen Zielen des Ritterbundes zu. Aber am Ende seines Lebens fühlte er sich wieder in erschütternder Weise hingezogen zu seinen Kindern, zu der Seele der Theodora. Auch damals wurde sie ihm durch Felix Baldes Seele nahegebracht. Aus Blutsbanden eines vorigen Lebens wurde die Freundschaft zweier Geistessucher. Und im Hause des Capesius begegnen Theodora und Strader sich zum zweitenmal. Wieder ist für Strader zunächst in der Begegnung mit Theodora das Wichtigste, wie der Geist in ihr sich real manifestiert. Strader konnte sich wohl durchringen zu dem logischen Gedanken der Reinkarnation, aber die Gewißheit des Geistes erfuhr er allein durch die Persönlichkeit Theodoras. Erst nach und nach bemerkt er, daß er nicht nur die geistige Offenbarung in Theodora liebt, sondern diesen Menschen selbst. Ganz zart wird es ausgesprochen, daß Strader eigentlich überrascht war von der Empfindung, die ein persönliches Band zu Theodora knüpfte. Nicht Strader war es, der das Schicksalswort ausgesprochen hat. Es war Theodora, die Strader darauf aufmerksam machte, daß beide sich liebten, und daß sie ein gemeinsames Leben miteinander führen wollten. Theodora bringt in zarter Weise diesen Augenblick zum Ausdruck, indem sie sagt: «Die Herzen müssen oft das Schicksal deuten.» Und nun wird etwas ganz Bedeutsames geschildert.

Im 1. Bilde des ersten Dramas sprach Strader aus, daß die einzige Form, in der der Geist sich ihm real mitteile, eine Art Alpdruck sei. Wenn das Erlebnis seiner Ohnmacht im Erkennen einen gewissen Höhepunkt erreiche, wenn der Zweifel unerträglich werde, dann gestalte sich dieser Zweifel, diese Ohnmacht gleichsam zu einem geistigen Wesen, das sich in ihm ausspreche. Er habe keine Gewalt über dieses alptraumartige Gespenst, was dann in ihm wirkt und spricht. Am naturwissenschaftlichen Denken entzündet sich für Strader dieser Alpdruck der realen Geistigkeit. Ein helles, klares Geisterlebnis hat Strader nie gehabt. – Im zweiten Drama, im Gespräch mit Capesius, erleben wir zwar, wie er dieses Geisterlebnis sucht und sich gleichsam mit Gewalt gegen die Wände der Erkenntnisgrenzen wirft, ohne sie jedoch durchbrechen zu können. Jetzt schildert Strader sein erstes Geisterlebnis. – Erinnern wir uns, wie anders Thomasius die geistige Welt betritt. Das Wort «O Mensch, erkenne dich!» führt ihn der geistigen Welt entgegen, deren Tore sich ihm durch die Erschütterungen des dritten Bildes eröffnen. Dann steigen in seiner Seele die Imaginationen der geistigen Welt auf. Bilder der Erde, des elementarischen Umkreises, der Tiefe der Erde, die Höhe, und endlich das kristalline Bild der geistigen Welt selbst malen sich vor seiner Seele aus. Ein Maler betritt den Kosmos. – Für Capesius tritt das geistige Erlebnis auf eine traumhafte Weise ein: die Kräfte seiner Seele erscheinen ihm, die Stimme des geistigen Gewissens ertönt in seinem Inneren. Aber er fühlt sich in seinem Selbst, in seinem Ich-Bewußtsein ohnmächtig gegenüber diesem Erlebnis und flieht vor ihm zurück in den Leib. – Wie erlebt Strader die geistige Welt? Strader spricht den Augenblick aus, in dem Theodora und er den gemeinsamen Lebensbund geschlossen haben, wo sie sich in intimer, ganz persönlicher Weise von Herz zu Herz verbunden haben, mit den folgenden Worten:

> Und als dein Herz das Schicksalswort gesprochen,
> Durchzogen meine Seele Lebenswellen,
> Die ich nicht fühlen konnte, als sie *waren,*
> Die erst viel später als Erinnerung
> Aus Seelen-Untergründen sich erhoben
> Und dann wie Licht-Erstrahlen sich erfühlten.
> Und wissen konnte ich, an was ich mich
> Erinnern, doch es nicht erleben konnte,
> Weil vieles mich noch trennt' vom Geist-Erleben.
> Es war das erste Mal, daß ich den Geist
> Unmittelbar in meiner Seele wußte.

Es vollzieht sich etwas so tief in seiner Seele, daß es ihm im Moment gar nicht zum Bewußtsein kommt. Lebenswellen durchströmen seine Seele. Und erst in der Erinnerung, viel später, taucht das Erlebnis wieder auf als geistiges Licht-Erlebnis, das ihm volle, reale Geistgewißheit schenkt. Das Erlebnis hat sich nie mehr wiederholt, und doch konnte es Strader eine Gewißheit geben für das Geistige, die für ein ganzes Leben ausreicht. Wieviel reicher sind die Geisterlebnisse des Thomasius und des Capesius! In Strader ist das Geisterlebnis so intensiv und tief, daß es das gesamte

Leben durchdringt. Seine Seele ist fest und treu. – In jeder Bildung einer Lebensgemeinsamkeit, in jeder Eheschließung beginnt ein Hin- und Widerströmen von Lebenswellen, von ätherischen Strömen. Das geschieht auch hier. Aber was so leiblich-ätherisch von Mensch zu Mensch strömt, das wird in Strader Licht-Erlebnis, Geist. Was für eine Charaktere wurde hier gedichtet! Was für eine Situation! Das ganz persönliche Lebensband, das wird der Lebensboden der Erleuchtung. Das Band von Mensch zu Mensch wird in Strader die erste Ankündigung seiner Hellsichtigkeit. Jetzt verstehen wir voll, woher Strader die Kräfte nahm, seine Mechanismen zu schaffen und warum nur er ausersehen sein konnte, diesen Mechanismus zum Heile des sozialen Lebens zu bilden.

Strader berichtet nun von drei schweren Erschütterungen seines Lebens und seiner Seele, die zu überstehen er allein die Kraft dadurch fand, daß Theodora an seiner Seite war. Die erste Erschütterung bildete, was Thomasius im 2. Bilde aussprach. Das zweite waren die Angriffe, die er wegen seiner Erfindung zu erdulden hatte. Das dritte ist die schwere Sorge, die ihn ergriff, als in Theodora eine Veränderung vor sich ging.

> Erst brachte mir die Geistesoffenbarung,
> Die ich durch dich empfing, erstrebtes Wissen.
> Und als die Offenbarung nicht mehr kam,
> Verbliebst du doch als stärkend Seelenlicht.

Wir erfahren hier, daß Theodora ihre Sehergabe nach und nach verlor, als sie die Frau des Doktor Strader geworden war. Die Frömmigkeit, die Geistergebenheit Theodoras ließ sie darüber jedoch keinen Schmerz empfinden. In Ehrfurcht nahm sie die Geistesoffenbarung hin und ebenso die Tatsache, daß die Geistesoffenbarung aufhörte. Aber dann trat eine neue Art der geistigen Offenbarung wieder auf. Und diese neue Art erfüllt sie mit furchtbarem Schmerz und Widerwillen. Wir erfahren, wie der Eingriff Lucifers im 3. Bilde sich in der Seele der Theodora auswirkt:

> Ganz anders ist die Offenbarung jetzt.
> Zuerst empfinde ich, wie früher, mich
> Genötigt, eignes Denken auszuschalten;
> Doch während ehemals nach kurzer Zeit,
> Wenn Leerheit meines Innern mir gelungen,
> Ein sanftes Licht die Seele mir umwob
> Und sich der Geist zu Bildern formen wollte,
> Erzeugt sich jetzt unsichtbar widrig Fühlen;

Der Mensch, der anfangs Capesius so unsympathisch war in seiner Beziehung zum Geistigen, schildert sein Schauen so, daß er zunächst eigenes Denken ausschaltet und eine völlige Leere seines Innern herstellt, eine restlose Selbstlosigkeit, in die hinein sich das geistige Licht ergießt. Das erfahren wir nicht bei Capesius' Schauen oder bei dem Schauen des Thomasius. Im Gegenteil, der Gedanke wird dahin gesteigert, daß er der Keim wird zu einer geistigen Welt. Der Gedanke wird nicht verlassen, sondern verwandelt. Theodora aber löscht das Denken aus. Theodora erlebt den Geist in einem Bewußtsein, das sich vom Erdenbewußtsein vollkommen losgelöst hat, ganz Himmelsgabe ist. Und was widerfährt ihr nun?

Erzeugt sich jetzt unsichtbar widrig Fühlen;
Doch so, daß ich genau erkennen kann,
Die Kraft, die ich empfinde, kommt von außen.
Und Furcht ergießt sich dann in mein Erleben,
Die ich nicht bannen kann, die *mich* beherrscht.
Und fliehen möchte ich vor jenem Wesen,
Das mir unsichtbar, doch abscheulich ist.
Es will zu mir sich wunscherfüllt bewegen;
Und hassen muß ich, was sich offenbart.

Aus dem Charakter der Theodora ist es ganz unerfindlich, daß Gefühle sich in ihr erzeugen, die ihr abscheulich sind, daß sie hassen muß, was sich hier geistig offenbart. Um dies zu ergründen, versenkt sie sich mit aller Intensität in das Erlebte und findet – das Bild des Thomasius. Wie erschütternd dieser Eindruck auf Strader wirken muß, ist aus allem Vorangegangenen begreiflich. «... Thomasius ..., der Mensch, an den ich immer glauben möchte». Vielleicht ist es zu viel zu sagen, daß Strader und Thomasius nahe Freunde sind. Kaum ein Mensch aber hat so tief auf die Seele Straders gewirkt wie Thomasius. Kaum einen Menschen verehrt er so intensiv wie ihn. Wie erschütternd muß darum die Offenbarung Theodoras auf ihn wirken. Er erinnert sich der Worte des Thomasius vor dem Mystenbunde, «wie er von Ahriman und sich gesprochen». Und dann heißt es: «Theodora versinkt in Nachdenken und starrt wie geistabwesend in das Leere.» Und angstvoll ruft Strader aus:

O Theodora ... was erblickst du ... jetzt ...

Und damit bricht die Szene ab. Die Szene schildert ein seltenes, innigstes Glück der Gemeinsamkeit zweier Menschen. Und sie schildert das Furchtbarste, was dem begegnen kann: eine Vernichtung von innen in Theodora. Kein Wissen, warum das geschieht, besteht. Nur das Bild des Thomasius taucht auf. Wir, die Zuschauer, schauen über diesem Bilde das Reich Lucifers und was dort sich ereignet hat. Strader und Theodora aber wissen hiervon nichts. Dadurch sind wir in der Lage, die volle Tragik der beiden Charaktere mitzuerleben.

Die szenische Anmerkung für das 5. Bild lautet: «Ein Zimmer in jenem Waldhäuschen, das in der Prüfung der Seele als Baldes Heim angegeben ist.» Anwesend sind Frau Balde, Felix Balde, Capesius und Strader. Gleich zu Anfang dieses Bildes erfahren wir, daß Theodora gestorben ist. Wir erleben Straders Schmerz. Wenn er auch weiß, daß alles Erlebte, daß die Verbindung zu Theodora weit über dieses Leben hinausreichen wird, so erlebt er doch auch, daß sie eben nicht mehr bei ihm ist, hier und jetzt. Mit Strader teilen den Schmerz Felix Balde, der Lehrer der Theodora, und seine Frau Felicia. Über der gemeinsamen Trauer liegt es wie eine schwere Frage. Wie konnte das geschehen? Die Szene hat die menschliche Einfachheit, Schlichtheit, die wir an den Charakteren der Baldes gewohnt sind. Auch dieses ist eine Szene, die in ihrer menschlichen, ganz persönlichen Stimmung nicht wiederkehrt.

Felix Balde berichtet nun, daß in ihm ein Blick sich ausgebildet habe für die Lebenskraft eines Menschen, woran er das Alter bestimmen kann. Dieser Blick hat ihn bei Theodora getäuscht. Er hatte annehmen müssen, daß Theodora ein sehr langes Leben haben würde. – Strader berichtet nun, was wir im vorigen Bilde erfahren haben. Im Augenblick, als er den Namen des Thomasius ausspricht, beginnt Capesius zu sprechen. Von Capesius haben wir im Reiche Lucifers erfahren, daß er keinerlei Beziehung mehr zu seinem Erdenleibe sucht, ja daß er ihn haßt. Daß nur bestimmte Worte ihn aus der geistigen Welt in ein Erdenbewußtsein zurückrufen. Und in diesem Zustande, den wir gewöhnlich den Zustand einer seelischen Erkrankung nennen würden, pflegt er die alten Gewohnheiten, besucht Freunde, sitzt auch bei Baldes Nachmittage lang, ohne ein Wort zu äußern. Wie ein Schlafender oder ein Träumender wandert er umher. Und so sitzt er nun auch hier bei Baldes im Zimmer. Wie Strader nun ausspricht, daß Theodora immer fühlte, sie müsse sich vor Thomasius fürchten, sagt Capesius:

Thomasius und Theodora sollen
Nach strenger Schicksalsmächte Fügung nie
Im Leben sich in Leidenschaft begegnen.
Sie widersetzen Weltgesetzen sich,
Wenn einer von dem andern fühlen wollte,
Was nicht im Geiste ganz allein gegründet.

Mit diesem Worte des Capesius strömt die überwältigende Tiefe der Weisheit, der wir in Lucifers Reich begegnet sind, herein. Es gehört zum Geheimnis des Charakters des Capesius, daß solche Weisheitsworte aus unendlicher Tiefe aus ihm aufsteigen. Es ist etwas Sibyllinisches in diesem Charakter. Weltgesetze, Schicksalsgesetze spricht er aus.

Thomasius verletzt in seinem Herzen
Die ernste Fügung hoher Schicksalskräfte:
Er soll an Theodora nicht Gedanken
In seiner Seele richten, die sie kränken.
Er aber fühlt, was er nicht fühlen darf.
Er formt durch seine Widersetzlichkeit
Schon jetzt die Kräfte, die sein Leben künftig
Den dunklen Mächten überliefern können.

Das haben wir im 2. Bilde erfahren: Thomasius schildert, wie er durch die Gewalt Lucifers sich Ahriman ausgeliefert sieht, wie er Ahriman wird lieben müssen, das heißt mit ihm wird Eins werden, sich ganz seiner Gewalt wird überlassen müssen.

Zu Lucifer gewaltsam hingedrängt,
Erlebte Theodora unbewußt,
Daß dieser Lichtesgeist Thomasius
Mit Sinnesleidenschaft für sie erfüllte.

Dieses Ereignis spielte sich im 3. Bilde ab, nachdem Capesius von der Bühne abgetreten war. Das bedeutet aber gerade, daß er geschaut hat, wie seine Seele voll in dem dramatisierten Geschehnis aufging. Wir werden dieses stilistische Mittel im 6. Bilde noch einmal erleben. Die Seele des Capesius, von der wir in Lucifers Reich erfuhren, daß sie von allem Erdenwirken flieht, gerade sie ist es, die jetzt die tiefste Weisheit zur Lösung des Erdenschicksales ausspricht. Eben darin zeigt sich, daß diese Seele wie eine Sibylle, scheinbar im Wahnsinn, die Wahrheit weiß und mit ihr helfend wirksam ist. Immer tiefer werden wir in das karmische Gefüge von Schuld und Rettung hineingeführt. Capesius berichtet weiter, was wir schon wissen. Damit ist für Strader und die beiden Baldes die Todesursache der Theodora offenbar. Die geistigen Hintergründe dieses

Todes lassen für Strader doch das Erlebnis zurück: Thomasius ist der Mörder seiner Frau.

Wir haben folgende dramatische Situation erreicht: Die Seele des Capesius war in dem früheren Leben der Vater der Seele der Theodora und der Seele des Thomasius. Durch seine Schuld entstand der Keim einer Leidenschaft zwischen Theodora und Thomasius, aus der Lucifer jetzt dieses Furchtbare bewirken konnte. Auf unrechtmäßige Weise erwarb sich Capesius in jenem Leben die geistige Schulung in dem Ritterbunde, das heißt durch sein schuldvolles Verhalten in bezug auf seine Pflichten gegenüber seinen Kindern. Und doch tauchen die errungenen geistigen Kräfte jener Schulung jetzt auf. Das Erblicken dieser Schuld veranlaßt Capesius, seinen Leib und sein Erdenschicksal zu fliehen. Und so wird gerade er es, der das rettende Wort zur Schicksalsklärung aussprechen kann. Seine Schwäche, seine Flucht in Lucifers Reich wird der Ausgangspunkt, auf der Erde das Rechte auszuprechen. Welche Tiefe gewinnt nach und nach das Wort des Großmeisters über das Rätsel des Bösen! Wie das Böse dem Guten dienen wird.

In furchtbarer Erregung bittet Strader Felix Balde um Hilfe, er möge ihm doch sagen, ob es die Wahrheit ist, was Capesius spricht. Und Felix Balde bestätigt ihm, daß alles, was er von Capesius in dieser Form gehört habe, auch für sein Schauen immer richtig gewesen sei. Und so müsse auch alles jetzt von ihm Gesagte die Wahrheit sein. Strader ruft in höchstem Schmerz aus:

> O schrecklich, wenn er Wahrheit sagte,
> grausam –

In diesem Bilde sind kosmische Taten und allermenschlichstes Fühlen auf die erschütterndste Weise ineinander verwoben. Dieser Moment der Erschütterung ist es für Strader, in dem er – gemeinsam mit Felix Balde und Felicia Balde, – sein zweites geistiges Erlebnis hat: es erscheint ihm die Seele der Theodora, und die Verstorbene bestätigt die Wahrheit des von Capesius Ausgesprochenen. Bedenken wir die rein menschliche Situation: Diese Seele muß sich in den Tod getrieben fühlen durch die Leidenschaft des Thomasius. Die Seele der Frau sieht sich durch Thomasius von ihrem geliebten Manne durch den Tod getrennt. Und was sind ihre ersten Worte, die sie aus dem Jenseits an Strader richtet?

> Es darf Thomasius nicht fallen;

Wir fühlen an dieser Wende des Dramas, auf welchem Niveau diese Charaktere sich bewegen. Wir sind aus dem alten Drama so gewohnt, das Ethische an äußeren Taten wahrzunehmen und zu bewundern. Es bedarf einer Wendung nach innen, um den Heroismus dieser Charaktere, der nach außen sich so schlicht darstellt, wirklich zu erleben. Das zu fühlen, heißt erst die Dramatik in der Charakterisierung dieser Mysteriendramen zu erleben. Der Heroismus der Theodora nach ihrem Tode besteht darin, keinen Augenblick dem persönlichen Schmerz und Unglück zu verfallen. Sie hat das Karma im Bewußtsein. Dem kann man nicht entrinnen, man kann nur mitretten oder mituntergehen. Wie das Rettende getan werden kann, spricht sie nun aus:

Maria hat der Liebesmacht das Opfer
In ihrem starken Herzen schon entzündet;
Und Theodora will von Geisteshöhn
Aus Liebemächten Segenstrahlen senden.

Strader ist auf das höchste erregt. Er ist unerfahren im Erleben übersinnlicher Geschehnisse. Wie kann er ruhig bleiben, wenn das Übersinnliche sich ihm in der Gestalt der geliebten Verstorbenen mitteilt und dazu mit dieser Botschaft. Felix Balde beruhigt ihn und bittet ihn, Theodora weiter zuzuhören.

Thomasius besitzt die Seherkräfte:
Er wird mich auch in Geisterreichen finden.
Er darf es früher nicht, als bis er frei
Von seiner Leidenschaft mich suchen will.
Auch deine Hilfe wird er künftig brauchen,
Und ich erbitte diese jetzt von dir.

Man muß ermessen, was es heißt für diesen Menschen, das zu erfahren und zu ertragen. Und nicht allein das, sondern im selben Augenblicke aufgerufen zu sein, Thomasius seine Hilfe zu gewähren! Und Strader antwortet:

Du meine Theodora, die auch jetzt
Sich noch zu mir in Liebe wenden will!
So sage, was du wünschest, daß geschehe.

Theodora vestummt und macht ein Zeichen gegen Capesius, daß dieser das Weitere berichten wird. Dann entschwindet sie wieder in das Unsichtbare der geistigen Welt. Wieder ist es Capesius, der die tiefe Schicksalsweisheit kennt und ausspricht:

Thomasius kann Theodora schauen,
Wenn er das Geistesauge nützen will.

Deshalb wird auch ihr Tod die Leidenschaft
Ihm nicht ertöten, die ihm schädlich ist.

Das ist das Entscheidende, daß die Leidenschaft des Thomasius sich nicht nur auf das Sinnliche richtet, sondern vielmehr stärker wird in dem Moment, wo Theodora im Übersinnlichen lebt. Das ist die Wirkung Lucifers. Seine leidenschaftliche, irrtümliche Liebe zu Theodora richtet sich nun ganz auf die übersinnlichen Kräfte.

Er wird sich anders nur verhalten müssen,
Als er getan, wenn Theodora noch
Im Erdenleibe sich verkörpert hielte;
Er wird mit Leidenschaft das Licht erstreben,
Das ihr aus Geisteshöhn sich offenbart,
Obgleich sie Erdenwissen nicht besitzt.
Es soll Thomasius dies Licht erbeuten,
Auf daß durch ihn es Lucifer empfange.
Dann könnte dieser durch das Götterlicht
Die Wissenschaft, die sich Thomasius
Durch Erdenkräfte hat erwerben können,
In seinem Reich für Ewigkeiten halten.

Im 3. Bilde haben wir erfahren, daß Lucifer auf Erden Beute machen muß, damit er nicht der Finsternis verfällt. Jetzt schickt er Thomasius aus, um das reine Geisteslicht der Theodora für sich zu erbeuten. Es ist ein Licht, das nicht aus Erdenkräften, aus Erdenwissen erwachsen ist. Das Geisteslicht, das Himmelswissen und das Erdenwissen, die auf Erden errungene Erkenntniskraft könnte so Lucifer in seinem Reich halten. Damit hätte er den Brükkenbau des Thomasius von dieser zu jener Welt für sich geraubt, zu seiner Beute gemacht. In Strader einerseits und in Theodora andererseits hatten das Erdenwissen und das Himmelswissen auf getrennte Weise gelebt. In der Ehe dieser beiden Menschen lebte gleichsam die Gemeinsamkeit beider Sphären. Dieser Zustand ist nun vernichtet. Der Brückenbau des Thomasius ist bedroht. Und wer vermag das alles zu offenbaren? Capesius, der von Lucifer in seinem Reiche als schauend Lernender geduldet wurde. Capesius, der nicht durch Wortestaten Lucifer brannte, er vermag jetzt, auf der Erde, das zu offenbaren, was als Erkenntnis, als ethische, als geistige Waffe gegen Lucifer geschmiedet werden muß. So bringen alle Verhältnisse und Kräfte in den Seelen einen ungeheuren dramatischen Umschwung!

Es hat ja Lucifer seit Erdbeginn
Nach Menschen stets gesucht, die Götterweisheit
Durch falsche Triebe sich erworben haben.
Er will jetzt reinste Geistesschau vereinen
Mit Menschenwissen, das auf diesem Wege
Aus Gutem sich in Schlechtes wandeln würde.

Thomasius hatte mit der ganzen Glut seiner Künstlerschaft, aus dem Feuer seiner genialen Kräfte das Denken so umgeschmolzen, daß es geisttragend, geistschauend wurde. Damit hatte sich auch sein ganzes Wesen verwandelt und geläutert. Seine Liebe zu Maria war eine geistige geworden. Der Sinnlichkeit in ihm war der Weg gewiesen, dem Geiste dienstbar zu werden: das war die eine Wirksamkeit Lucifers. Nun wendet Lucifer diese Sinnesleidenschaft gleichsam nach unten, wie ins Leere, indem er sie auf Theodora richtet. Aber Theodora stirbt und diese Leidenschaft folgt ihr in das Übersinnliche, richtet sich auf das übersinnliche Licht, das nicht mit dem Erdenwissen verbunden ist. Und damit eben verbindet Lucifer Menschenwissen mit reinster Geistesschau so, daß sie Schlechtes werden muß. Denn es ist Götterweisheit, die durch falsche Triebe errungen ist. Es ist nicht das Ich, das in bewußter Arbeit sich seine Stufen in die geistige Welt hinaufschmiedet und baut, es ist die Leidenschaft, die das Himmelslicht raubt. Damit muß dieses Licht sich zum Schlechten wenden. Wie kann dem begegnet werden?

Es wird Thomasius jedoch gewiß
Von seinem bösen Wege abgewendet,
Wenn Strader sich zu solchen Zielen lenkt,
Die künftig Menschenwissen geistig wandeln
Und so dem Götterwissen nähern können.

Das war ja die Aufgabe, die sich Thomasius mit seinem Werk gestellt hatte. Thomasius selbst ist damit in die allergrößte Gefahr gelangt, sein Werk droht zerstört zu werden, und er selbst ist wie von Lucifer paralysiert. Es ist wie in einem Kampf, wo der eine so schwer verwundet wird, daß ein anderer in die Bresche springen muß. Es ist aber etwas ganz anderes, ob ein Mensch sich aus seiner Genialität heraus aufmacht, ein solches Werk zu schaffen, oder ob ein anderer herbeigerufen wird – der diese Umwandlung des Verstandeswissens in eine Geisteswissenschaft bisher nicht erreichen konnte und wollte –, weil jetzt die Not der gesamten Situation das nötig macht. Strader war bisher nicht ein Schüler des Benedictus geworden. Benedictus aber ist der Meister, der diesen Weg zu führen vermag. Darum muß man sagen, daß Strader bisher weder diesen Weg gehen, noch ein Schüler des Benedictus sein wollte. Jetzt wird dies von ihm gefordert:

> Er muß, daß diese Ziele sich ihm zeigen,
> Als Schüler sich an Benedictus wenden.

Straders erstes Geisterlebnis entsprang den Lebensströmen der Liebe von Mensch zu Mensch. Sein zweites Geisterlebnis war die Begegnung mit der geliebten Seele der verstorbenen Theodora. Zu seinem dritten Geisterleben wird er aufgerufen, um den zu retten, der in höchstem Maße an ihm schuldig geworden ist. – Nun schweigt Capesius.

Nun erhebt sich der alte Zweifel in Strader:

> O Vater Felix, gebt mir euren Rat,
> Ist dies in Wirklichkeit von Theodora
> Capesius vertraut, es mir zu sagen?

Felix Balde schildert nun, was er über Capesius aus seinem inneren Schauen weiß. Capesius war in der Gefahr, an dem geistigen Leben vorbeizugehen durch seine starke Intellektualität und sein Drinstehen in der falschen Wissenschaft. Er ist aber vom Schicksal vorbestimmt, einmal große geistige Taten zu vollführen. Er mußte darum entrückt werden der Gefahr, die aus der allgemeinen Kultur ihm drohte. Die Krankheit wurde das Mittel, um ihn solange zu schützen, bis er zu voller Gesundheit fähig werden wird. Darum hatte der Hüter der Schwelle ganz besondere Pflichten gegenüber Capesius: er mußte ihm den Eintritt in die geistige Welt öffnen, aber das Tor hinter ihm schließen. In diesem Zustand verharrt er nun. So haben wir ihn in dieser Szene von der einen Seite und in Lucifers Reich von der anderen Seite kennengelernt. Auf diese Weise geht er an allem, was aus der Gegenwart ihm Schädliches entgegentreten kann, vorüber.

Es ist gerade das Entgegengesetzte von dem, was Thomasius widerfahren ist. Maria schildert im 2. Bilde, wie Thomasius viele Male an die Schwelle herangetreten ist, aber nie sie überschritten hat. Von außen hat Thomasius vieles in der geistigen Welt geschaut, ohne an dem Hüter der Schwelle vorbeizudringen.

Nun fällt noch ein Wort von Frau Balde über die Märchen, die immer wieder die Seele des Capesius heranrufen. Und plötzlich wieder antwortet Capesius und nimmt Bezug auf diese Märchen, die er auch im Geisterlande hören kann.

Mit der Versicherung Frau Baldes, daß sie auch jetzt immer an ihn denken werde und in Liebe ihre Märchen für ihn erzählen werde wie früher auf der Erde, schließt die Szene. Strader hat nicht gesprochen. Was er beschlossen hat, wissen wir nicht.

Schaut man den gesamten karmischen Zusammenhang an, den karmischen Knoten, der in Lucifers Reich geknüpft wird und nun in den vergangenen beiden Szenen seine Auswirkung zeigt, so offenbart sich das Folgende: Thomasius, der Fortgeschrittenste der Geistesschüler, hat sich in die allergrößte Gefahr begeben, sich selbst und sein geistiges Werk der Vernichtung durch Lucifer und Ahriman zu überantworten. Rettend treten ihm zur Seite, in reiner Selbstlosigkeit, von der Erde her Maria mit ihrem starken Herzen, das Gelöbnis wie einen Opferdienst den Göttern darbringend – von oben her, gleichsam wie ein Vogel aus der Himmelswelt herabschwebend, Theodora, reich an geistigem Wissen, reich an himmlischer Weisheit. Die Aufgabe, die Thomasius in Angriff genommen hat, an der er sich jetzt gleichsam verblutet, kann aber von ihm nicht weitergeführt werden. Diese Aufgabe in Angriff zu nehmen, wird nun Strader aufgerufen, der Schüler des Benedictus zu werden. Genauer gesprochen: Strader tritt an die Seite des Menschen, Thomasius, der von sich sagte, daß er Ahriman werde lieben müssen. Was der 2. Zeremonienmeister im Mittelalter zum Ausdruck brachte, daß ein geistiges Wissen nur durch den Willensweg, nur durch moralische Kräfte errungen werden kann, das wird jetzt in die höchste Dramatik hineingeführt. Denn nur durch die allergrößte Anstrengung ethischer Art, moralischer Stärke, wie sie in diesen beiden vergangenen Szenen von den Charakteren gefordert wurde, ist es möglich, das geistige Licht sich nicht durch Lucifer rauben zu lassen. Was diese Menschen jetzt für einander, miteinander, auch gegeneinander, aufbringen, das geht weit über ein bloßes Erkenntnisstreben im einfachen Sinne des Wortes hinaus. Es herrschen jetzt Verhältnisse, in denen schwerste Wunden geschlagen und Schmerzen zugefügt worden sind, Schmerzen, die zum Tode geführt haben, Haß gewaltet hat, wie Theodora es ausspricht, Unwiederbringliches verloren ging. Das ist die menschliche Situation. Und diese Situation soll jetzt durch Geisteskraft gewendet werden. Geistestaten, die rettende Liebestaten sein müssen. Geistiges Licht kann nur durch einen geistigen Liebewillen aufrechterhalten, weiter erobert werden.

Das Reich des Lucifer und Ahriman. Das 6. Bild

Die dramatischen Vorgänge des dritten Mysteriendramas führen in immer kompliziertere Verhältnisse hinein. Um ein Verständnis dafür zu erlangen, muß immer wieder auf die Anfänge zurückgegangen werden. Die Schicksalsfäden der einzelnen Gestalten verweben sich in einer Weise, wie gleichermaßen eine überschaubare polyphone Stimmführung sich nach und nach in ein akkordliches Zusammenschreiten zusammenballt. Was der einzelne spricht, betrifft nicht länger ihn allein. Es schwingen Wesen und Schicksal der übrigen Charaktere mit. Alles entwickelt sich zu einem symphonischen Seelengeschehen.

Die Szenerie des 6. Bildes wird mit folgenden Worten charakterisiert: «Ein Raum, der nicht von künstlichen Wänden begrenzt, sondern von baumartig geformten sich verschlingenden Gewächsen und Gebilden eingeschlossen ist, die sich ausweiten und Ausläufer ins Innere senden. Das Ganze durch Naturvorgänge wild bewegt und zuweilen stürmisch erfüllt.» Naturvorgänge wie Licht und Finsternis, Sturm und Ruhe, Blitz und Donner erfüllen wechselweise mit den Worten das Bild. Wie auch zu Beginn des 3. Bildes im Reiche Lucifers sind zunächst nur Capesius und Maria auf der Szene. Noch unsichtbar wird die Stimme des Benedictus hörbar, der später auftritt. Dann werden Philia, Astrid, Luna und die andere Philia hinzutreten. Ebenso Lucifer, Ahriman und die tanzartig sich bewegenden Wesen, welche Gedanken darstellen. Zuletzt Frau Baldes Seele. Im Zentrum des 6. Bildes steht die Gestalt des Capesius. Schauen wir noch einmal den Weg an, den er durch die ersten zwei Dramen bis hierher gegangen ist. Wir sehen Capesius im 1. Bilde des ersten Dramas ganz seiner Wissenschaft hingegeben, von den Lehren des Benedictus wohl berührt, aber nicht erfüllt. Was ihm Geistesnahrung ist, gibt ihm Frau Balde in den Märchenbildern. Er sprach es dort so aus:

> Und Frau Felicia erzählt
> In Bildern wunderbar
> Von Wesen, die im Traumesland wohnen
> Und in den Märchenreichen

Ein buntes Leben führen.
Es ist der Ton der Rede
Wie Sagenweise aus den alten Zeiten.
Ich frage nicht, woher sie ihre Worte hat.
Ich denke dann an eines nur mit Klarheit,
Wie meiner Seele neues Leben fließt
Und wie hinweggebannt
Mir alle Seelenlähmung ist.

Mit einer Art kindlichem Egoismus nimmt er nur auf, was ihm heilsam ist. Er fühlt die Genesungskräfte. Alles andere interessiert ihn nicht. Dann erleben wir Capesius im 8. Bilde der «Pforte der Einweihung». Er steht vor dem Bildnis, das Thomasius von ihm gemalt hat. Die schöpferische Kraft des Geistes in einem hellsichtigen Menschen erlebt er in diesem Bilde. Dieses Bild gibt ihm zugleich eine Ahnung seines tieferen Wesens. Was er erlebt, nennt er Sinnbild. – Im 1. Bilde der «Prüfung der Seele» sehen wir ihn sich vertiefen in das Lebensbuch des Benedictus. Zu den Kernsätzen dieses Buches gehört der folgende:

«In deinem Denken leben Weltgedanken.»

Diese Worte aber hören wir jetzt, wenn der Vorhang sich hebt, durch die Stimme des Benedictus, der selbst noch unsichtbar bleibt. – Dann sehen wir Capesius im 5. Bilde der «Prüfung der Seele» Frau Balde lauschen, wie sie ihm das Märchen von dem Quellenwunder erzählt. Und dieses Märchen geleitet ihn dann in das geistige Bewußtsein hinein, löst das Schauen in seiner Seele, so daß er dann eintaucht in das Erleben seiner mittelalterlichen Inkarnation. In diesem früheren Leben erkennt er seine Schuld, die bisher unbewußt sein Leben druchdrang. Die Erkenntnis dieser Schuld erschüttert seine Seele so schwer, daß wir ihn dann in jenem Zustand finden, in welchem er uns im dritten Drama zunächst begegnet. Von der Erde aus gesehen ist er ein kranker, gestörter Mensch. Seine seelisch-geistige Gesundheit erweist sich aber im 5. Bilde. Denn die Wahrheit seiner Geistesschau gibt den auf der Erde Betroffenen die Erkenntnis, die sie brauchen. Capesius erscheint wie das tiefe Orakel, das die Schicksalsweisheit verkündet.

Jetzt sind wir angelangt da, wo die mantrischen Worte aus dem Lebensbuche des Benedictus durch dessen Stimme aus der geistigen Weite heraus hörbar werden in einem lebendig begrenzten Raume, von Naturvorgängen wild und stürmisch erfüllt.

«In deinem Denken leben Weltgedanken.»

Capesius erkennt die Stimme des Benedictus. Er ist sich auch voll bewußt der Tatsache, daß diese Worte auf Erden im Lebensbuche des Benedictus zu finden waren. Er erinnert sich genau, daß er sie nicht wirklich begreifen konnte, noch viel weniger ihren Inhalt erleben konnte. Und nun entringt sich dieser tiefen, so rätselvoll tiefen Capesius-Seele die Frage:

> An welchem Ort des Geisterlandes tönen
> Die Worte, die auf Erden Seelen prüfen?

Er fragt nach dem Orte. Wo befinde ich mich, fragt er. Maria antwortet ihm:

> Du weilst so lange schon im Geisterland …

Jahre hat dieser Zustand schon gedauert, durch Jahre schon lernt die Seele des Capesius durch das Schauen im Geisterlande, wie wir ihn in Lucifers Reich haben sagen hören. Und nun charakterisiert Maria wieder das Wesen des Capesius ähnlich, wie sie es schon im 3. Bilde getan hat. Dort sprach sie aus, daß sie einen Fortschritt in ihrer Geistesschülerschaft dadurch machen durfte, daß sie Capesius schaute. Jetzt sagt sie:

> Du weilst so lange schon im Geisterland
> In einer Art, die vieles offenbart,
> Und unbekannt ist dir noch dies Gebiet?

Capesius antwortet ganz aus dem Zustand heraus, den wir schon kennen. Alles, was nur im Geistigen verbleibt, ist ihm leicht verständlich. Aber da, wo das Geistige sich in Beziehung setzt zur Erde, da wird ihm alles zum Rätsel:

> Was hier in eigner Wesenheit sich lebt,
> Ist leicht verständlich geistgewöhnten Seelen;
> Es klärt das eine sich durch andres auf.
> Das Ganze ist voll Licht, wenn auch der Teil,
> Für sich allein gesehn, oft dunkel ist.

Licht und Finsternis werden hier von Capesius auf eine neue Weise sich gegenübergestellt. Licht ist das Reich des Lucifer, Finsternis ist die Qualität Ahrimans. Das Ganze tritt für ihn ins Licht, das Einzelne bleibt ihm oft dunkel. Man ist geneigt, über solche Worte hinwegzulesen. Aber hier wird sehr genau dramatisiert von Rudolf Steiner. Wir werden sehen, daß dies Motiv in der Szene weiter ausgebildet wird. – Und nun steht Capesius wieder ohne Verständnis vor dem, was sich in Beziehung zur Erde setzt: die Worte des Benedictus, die er aus dem Lebensbuche auf der Erde kennt. Darum findet er keine Orientierung, er weiß nicht, an welchem Orte er sich befindet. Er fährt fort:

Doch wenn sich geistig Sein mit Erdenwesen
Zu Einem Schaffen bilden will, beginnt
Die Seele ihr Verständnis zu verlieren.
Und nicht der Teil allein, das Ganze hüllt
Sich ihr dann oft in tiefe Finsternis.
Warum an diesem Orte widerhallen
Die Worte, die in Benedictus' Buch
Für Erdenseelen sich geschrieben finden,
Dies macht zum Rätsel, was sich hier begibt.

Und wieder erklingt durch die Stimme des Benedictus ein solcher Kernsatz aus dem Lebensbuche.

«In deinem Fühlen weben Weltenkräfte.»

Wie wir uns erinnern, lautete das dritte Wort, das die beiden ausgesprochenen ergänzt:

«In deinem Willen wirken Weltenwesen.»

Dieses Wort bleibt aus. In diesem geistigen Bereich klingt es nicht. Wir haben dieses dramatische Mittel schon in der «Prüfung der Seele» kennengelernt. Auch dort fehlten Elemente, die wir aus dem Gesamtaufbau heraus erwarteten. Eine solche Pause ist dramatisch gerade gewichtig. So ist es auch hier gewichtig, daß das Wort vom Willen und den Weltenwesen ausbleibt. Es wird in anderer Form dann ausgesprochen werden.

Nachdem also das Wort des Benedictus erklungen ist:

«In deinem Fühlen weben Weltenkräfte.»

fühlt wieder Capesius sich tief getroffen davon. Wieder erkennt er, daß es ein Wort ist, das im Erdgebiet von Benedictus seinen Schülern anvertraut wurde. Und dies Wort erschafft sich auf neue Weise nun im geistigen Bereich. Aber wie wirkt es auf ihn:

Es strömet, Dunkelkraft durch sich erregend,
Durch dieses Reiches grenzenlose Weiten.

Dunkelkraft verbreitet dieses Wort aus dem Erdbereich über dieses Reiches grenzenlose Weiten. Das Reich hat für Capesius keine Grenzen. Eine Grenze entsteht immer durch das Einzelne. Der Horizont ist begrenzt durch einen Baum, durch einen Berg, durch das Meer, durch Häuser. In irgend einer Form wird das Ganze durch das Einzelne begrenzt. Capesius aber erlebt sich in einem Reich, das grenzenlose Weiten hat. Er fühlt sich in das Ganze hineingerissen, er verliert das Einzelne. Grenzenlose Weiten fühlt er. «Das Ganze ist voll Licht, wenn auch der Teil, für sich allein gesehn, oft dunkel ist.» Das bringt er jetzt wieder mit anderen Worten zum Ausdruck.

Ganz anders vernimmt Maria die Stimme des Benedictus. Ganz anders auch nimmt sie dieses Reich wahr. Sie erlebt nicht Dunkelkraft von diesen Worten ausgehend. Sie erlebt auch nicht grenzenlose Weiten. Was erlebt sie?

Schon fühle ich, was ich erfahren soll
In dieses Reiches fernelosen Weiten;

Bei ihr geht ein inneres Verständnis fühlender Art der Erfahrung selbst voraus. Sie ist bereit für die Offenbarung, die sich ankündigt. Und wie erlebt sie dieses Reich? Als fernelose Weite. Das ist rein physisch gesprochen ein Widerspruch. Geistig gesehen ist es aber kein Widerspruch. Es gibt eine lebendige Anschauung. Es ist eine Weite, die zugleich nah ist. Alles das, was sich als Außenwelt kosmischer Art ausbreitet, ist zugleich Innenwelt. Die Nähe der Innenwelt ist aber zugleich die Weite des Kosmos. Rudolf Steiner dramatisiert ganz genau, ganz intim. Er führt auf das hin, was als das Hauptgeschehen dieser Szene sich offenbaren wird. Im Gegensatz zu Capesius begreift Maria mit innerster Klarheit, warum Benedictus sich hier durch seine Worte ihr offenbart. Sein Unterricht innerhalb der Erdensprache ist begrenzt. Dort sind seine Worte nur Zeichen. Jetzt aber belehrt er seine Schüler auf andere Weise.

Er will an diesem Ort mich schauen lassen,
Was unverständlich ist der Erdenseele,
Solange sie sinnbegabt im Leibe weset,
Auch wenn die Geistesschülerschaft errungen.
Sie muß dem Lehrer folgen zu den Orten,
Wo er die Worte nicht in Menschensprache
Zu Zeichen nur der Wesen prägen kann;
Wo er im Weltgeschehn die Schrift erreget,
Die weltbedeutend sich der Seele gibt.

In Lucifers Reich hatten wir erfahren, daß hier Worte Taten sind. Jetzt schauen wir in diesem Reich in eine Offenbarungsform hinein, wo die Schrift zum Weltgeschehen wird, das der Lehrer erregt. Der Lehrer spricht durch Taten, durch Weltgeschehen. Wir werden sehen wie. – Warum bleiben die Worte des Benedictus für Capesius dunkel? Felix Balde hat es im 5. Bilde erklärt. Der Hüter der Schwelle konnte die Seele des Capesius in die geistige Welt hinein lassen, aber hinter ihm mußte er diese Schwelle verschließen. Capesius lebt wie ein Gefangener in der geistigen Welt. Er hat die Möglichkeit zurückzukehren zur Erde verloren. Er weiß den Weg dorthin nicht. Der Weg dahin verliert sich für ihn in Dunkelheit. Wie spricht eine Seele, die sich des Weges in die geistige Welt und aus der geistigen zurück zur Erde voll bewußt ist? Bevor sie die geistige Offenbarung in diesem Reiche empfangen hat, spricht Maria voll bewußt aus, wie der Weg hinauf und der Weg zurück sein wird. Durch solche Worte erfahren wir eine Charakterisierung der Menschen. Sie geschieht aber nicht durch die Schilderung moralischer Eigenschaften. Sie geschieht hier, indem sich das Weltverhältnis der Seele erhellt. Wie die Seele im Kosmos steht, das charakterisiert sie. So charakterisiert Maria ihr eigenes Wesen, indem sie spricht:

> Ich will das Innre mir vom Erdensein,
> Verdichtend meine Seelenkräfte, lösen
> Und so erwarten, was, sich offenbarend,
> Mir durch die Geistesweiten zeigen will.
> Es wird, wenn ich zum Erdensein mich wende,
> Gedanke sein, der mir im Nach-Erdenken
> Im Seelen-Innern als Erkenntnis leuchtet.

Die Seele des Capesius erwartet die Offenbarung in einer Fragestimmung, in einer teilweisen Ohnmacht. Die Seele der Maria erwartet die Offenbarung voll gerüstet. Und jetzt erscheint Benedictus aus dem Hintergrunde:

> Gewinne dich in Weltgedankenkraft,
> Verliere dich durch Weltenkräfteleben;
> Du findest Erdenziele, spiegelnd sich
> Durch deine Wesenheit im Weltenlicht.

Capesius erkennt sofort, daß es die Worte aus dem Lebensbuche sind, die er auf der Erde erfahren hat. Aber er erkennt auch sogleich, daß diese Worte anders gewendet sind, daß sie gleichsam eine andere Richtung einschlagen. Alles ist für Capesius Frage. Warum erscheint Benedictus selbst jetzt? Warum ertönen nicht seine Worte allein? Wie ist es möglich, daß der Geisteslehrer Erdenwissen hier hinauf zu Geistesorten trägt, und zwar so, daß diese Geisteslehren wirksam lebendig werden?

> Und was bedeuten diese Worte hier,
> Die er im Erdenleben anders wendet?

Wie lauteten nämlich diese Worte in dem Lebensbuche auf der Erde? Capesius meditierte sie im 1. Bilde der «Prüfung der Seele» unmittelbar vor dem Erscheinen der Seelenkräfte. Aber auch jetzt ist es wieder nur ein Teil der Worte, die er dort meditierte.

> Verliere dich in Weltgedanken,
> Erlebe dich durch Weltenkräfte, ...
> Du findest Götterziele,
> Erkennend dich in dir.»

Vergleicht man diese Sätze, so sieht man, wie die entgegengesetzte Richtung eingeschlagen wird. – Wie spricht nun Benedictus die Seele des Capesius in diesem Geistbereiche an? Er macht ihm bewußt, wie ihre Begegnung in den Erdenzeiten war.

> Capesius, du bist in meine Kreise
> In deinen Erdenzeiten eingetreten,
> Obgleich du wissend nie mein Schüler warst.

Wir erinnern uns, wie im 1. Bilde der «Prüfung der Seele» Benedictus abgegangen war und Capesius sich diese Begegnung bewußt zu machen suchte:

> Ich kenne seiner Sendung Wesen nicht;
> Vertrauen doch erzwingt sein Tun;
> Er hat mich wieder zu mir selbst gebracht.

Ähnlich wie das Verhältnis des Capesius zu Frau Balde und ihren Märchen war, so war auch das Verhältnis zu Benedictus. Aus einem inneren Gefühl, aus einem inneren Vertrauen ergab er sich ihm. Nicht wissend. – Nun ruft Capesius dem Geiste des Benedictus entgegen:

> Capesius ist nicht an diesem Orte;
> Und seine Seele will von ihm nicht hören.

Leidenschaftlich wendet sich Capesius gegen die Nennung seines Namens, leidenschaftlich wendet er sich ab von seinem Leib, von seiner Erdenpersönlichkeit. Er verbietet sich geradezu, daß davon gesprochen wird. Ähnlich wie in der «Prüfung der Seele» antwortet Benedictus sanft, ruhevoll, ihn zur Besonnenheit aufrufend:

> Du willst nicht in Capesius dich fühlen,
> Doch sollst du ihn erinnernd geistig schauen.

Benedictus erläutert Capesius: In deinem Schauen wird Erinnerung an die Persönlichkeit des Capesius sein, aber so, daß du ihn zugleich geistig schaust. Du wirst dich ganz so erleben, wie du jetzt im Geistigen bist, aber das Band zu der Erdenpersönlichkeit, zu «Capesius» wird in dir wieder erwachen. Du sollst ihn «erinnernd geistig schauen». – Mit den nächsten Sätzen charakterisiert Benedictus den Zustand des Capesius, der ihn zwischen Himmel und Erde schweben läßt. Er sagt, daß das Geistessein zwar in der Seele des Capesius erwacht ist und daß er sich gelöst hat von den schemenhaften Gedanken, von dem «Denkenstraumesspiel». Er ist aufgestiegen in das geistige Bereich. Aber dieses Denken war zu schwach, ihn den Weg wieder zurück zu geleiten in die Seelentiefen. Zu stark aber waren die schauenden Kräfte in ihm erwacht, um den Geist allein durch die Maja der Sinneswelt zu schauen.

Dir hat des Denkens starke Wirkenskraft
Im Seelenleib das Geistessein erschlossen.
Es löste dann dein Seelenleben sich
Von Denkenstraumesspiel im Erdenleibe.
Zu schwach erfühlt' es sich, mit ihm zu wandeln
Aus Weltenfernen in die Seelentiefen;
Zu stark, mit ihm das Geisteshöhenlicht
Durch Erdenfinsternisse nur zu schauen.

Es folgt einer der wenigen Sätze, in denen sich Benedictus selbst charakterisiert:

Ich muß begleiten jeden, der von mir
Im Erdensein das Geisteslicht empfangen,
Ob er sich wissend, ob nur unbewußt
Sich mir als Geistesschüler hat ergeben,
Und muß die Wege weiter ihn geleiten,
Die er durch mich im Geist betreten hat.

Benedictus gibt gleichsam ein Resümee der geistigen Fähigkeiten des Capesius. Er schildert, daß Capesius wohl den Leib wie ein Kleid ablegen kann, daß er alle Sinneseindrücke hinter sich lassen kann. Daß er soweit den Geist in den Weltenweiten erschauen kann. Aber eines konnte er bisher noch nicht: Das Denken selbst abzulegen, das ihn noch umfangen hält wie ein feines Leibgewebe. Das hält ihn noch in seiner Eigenheit gefangen. – Der Bundesspruch der Ritter im Mittelalter zielte darauf, Eigenheit und Sondersein abzulegen, um Geistesziele durch Sinnesoffenbarung erfassen zu können. Jetzt geht es darum, den letzten Rest der Eigenheit aufzugeben, «des Denkens feines Leibgewebe», um die geistige Wirklichkeit, um die Wirklichkeit des eigenen Selbstes schauen zu können.

Den Sinnesleib vermagst du abzulegen,
Doch nicht des Denkens feines Leibgewebe.
Du kannst die Welt erst wahrhaft wirklich schauen,
Wenn nichts, das dir von Eigenheit geblieben,
Des Schauens Klarheit wirksam trüben kann.
Nur wer das eigne Denken außer sich
Zu schauen hat gelernt, wie Seherkräfte
Den Erdenleib von sich gelöst erschauen,
Der dringt in Geisteswirklichkeiten ein.

Das ist es, was jetzt bevorsteht. Capesius soll das eigene Denken außer sich schauen. Eine Offenbarung soll ihm werden, die ihm sein eigenes Denken zur Anschauung bringt. Maria konnte sagen, «schon fühle ich, was ich erfahren soll». Für die Seele des Capesius bereitet der Hierophant das zu Schauende vor. Er ruft ihn dazu auf in der geistigen Welt. Er wird ihn jetzt belehren, indem er ein Weltgeschehen erregt. So spricht Benedictus jetzt zu ihm weiter:

So schau im Bilde, daß das Bild sich dir
Zum Wissen durch die Seherkräfte wandle,
Gedanken, die sich räumlich wesenhaft
Zu Formen bilden, Menschendenken spiegelnd.

Gedanken sollen jetzt Weltgeschehen werden, Gedanken werden sich zu Formen bilden, räumlich wesenhaft sich darleben, Gedanken werden Wesenheiten werden. Und dieses Weltgeschehen wird das Menschendenken *spiegeln*. Von einem solchen Vorgang der Spiegelung haben wir früher bereits erfahren. Jetzt soll er im Bilde schauen eine Spiegelung seines eigenen Denkens durch reale geistige Wesen. Im 1. Bilde der «Prüfung der Seele» spricht Capesius rückschauend auf sein Leben und Forschen:

In einem langen Menschenleben
Hab' ich gewoben nur in Bildern,
Die schattenhaft sich zeichnen
Im Seelentraum, der wahnbefangen
Natur und Geistestaten spiegelt ...

Er hat auch Bilder gewoben. Gedankenbilder, die er als Seelentraum empfindet. Diese Träume spiegelten die Natur und die Geistestaten der menschlichen Geschichte. Aber sie griffen nicht in die Realität der Natur oder der Geschichte. Spiegelbilder lebten in seiner Seele. – Benedictus umfaßt ganz genau den Zustand der Seele des Capesius, wie sie war. Und dieser Zustand der Seele erfährt jetzt eine Art Umstülpung. Es geschieht eine mächtige Metamorphosierung der Seele in eine geistige Polarität zu dem, was auf der Erde Charakterzug des Capesius war. Was auf der Erde Persönlichkeitscharakter ist, wird jetzt Weltgeschehen. Und doch ist beides eins und dasselbe. Beides umfassend sagt Benedictus, daß Capesius jetzt «erinnernd geistig schauen» werde. Das erleben, heißt jetzt den dramatischen Fortgang erleben! Das Erdenbewußtsein des Capesius ist zerschellt, der Spiegel ist zertrümmert. Der Hierophant baut dieses Bewußtsein neu auf, aber von der Seite des Kosmos her.

Wir werden sehen, wie weit der kosmische Spiegel den irdischen Spiegel zu heilen vermag.

Jetzt beginnt die Offenbarung. «Eine freundlich gedämpfte Beleuchtung tritt ein, es erscheinen Philia, Astrid, Luna in glimmender Wolke; Benedictus, Capesius, Maria ab.» Wie im 1. Bilde der «Prüfung der Seele», bei dem ersten Geisterlebnis des Capesius, treten die Seelenkräfte auf. Warum treten Benedictus, Capesius, Maria ab? Warum sind sie nicht als Zuschauer auf der Bühne? Weil das, was sich jetzt auf der Bühne darstellt, das ist, was im Inneren des Capesius lebt, was gleichsam das Seelenantlitz, das Denken des Capesius spiegelt. Benedictus und Maria nehmen dieses ebenfalls mit. Man muß erleben, wie die physisch konturierte Gestalt des Capesius auf der Bühne gleichsam zerfließt in das aufgehende glimmende Licht, aus dem Philia, Astrid, Luna als die Seelenkräfte des Capesius hervortreten. Diese sind jetzt sein Antlitz und was weiter noch erscheinen wird. Wie in einer Stimme zusammenklingend sprechen Philia, Astrid, Luna:

Es schweben Gedanken
Wie webendes Träumen
Sich wesenhaft bildend
An Seelen heran;
Sich schaffender Wille,
Sich regendes Fühlen,
Sich wirkendes Denken
Erstehe dem Träumer.

Die Seelenkräfte sprechen aus, was wir wissen. Gedanken, die wie ein Träumen sind, werden zu Wesenheiten. So treten sie an die Seele heran. Was möchte daraus entstehen? Ein Wille, der sich selbst erschafft. Ein Fühlen, das sich selbst erregt. Ein Denken, das sich selber wirkt. Seelenkräfte, die vom Ich voll durchdrungen sind. Seelenkräfte, die sich durch das Ich ohne Leib im Geiste selbst erhalten. Das soll in der träumenden Seele des Capesius erstehen, sein geistiges Erwachen sein und ihn zu seinem Ich führen.

Jetzt hören wir die Worte des Benedictus, die zu Beginn der Szene erklungen sind. Und gerade dasjenige Wort, welches nicht erklang, das Wort vom Willen, das erklingt jetzt. Wer spricht es aus? Lucifer:

In deinem Willen wirken Weltenwesen.

Denn während Philia, Astrid und Luna sprachen, kam Lucifer von der einen, Ahriman von der anderen Seite. Es heißt «Sie suchen ihre Orte zu beiden Seiten des Raumes auf.» Mit den Worten Lucifers bewegen sich nun von der Seite Wesen heran, welche Gedanken darstellen. Es heißt «In tanzartiger Weise führen diese Bewegungen aus, welche Gedankenformen, den Worten Lucifers entsprechend, darstellen.» – Ahriman antwortet von der anderen Seite her:

Die Weltenwesen, sie verwirren dich.

Während dieser Worte erscheinen wieder Wesenheiten. Es heißt «Nach diesen Worten bewegen sich von Ahrimans Seite die Gedankenwesen und führen Tanzbewegungen, seinen Worten als Formen entsprechend, aus. Nach diesen werden die Bewegungen von beiden Gruppen zusammen ausgeführt.» – Nun spricht wieder Lucifer:

In deinem Fühlen weben Weltenkräfte.

Und Ahriman antwortet, immer begleitet von seinem Chorus von Gedankenwesenheiten:

Die Weltenkräfte, sie verführen dich.

Und ein drittes Mal spricht Lucifer:

In deinem Denken leben Weltgedanken.

Und Ahriman antwortet:

Die Weltgedanken, sie beirren dich.

In welchem Verhältnis stehen diese Worte des Lucifer und des Ahriman zu den Worten des Benedictus im Lebensbuche? Die Worte des Lucifer sind jeweils genau das, was auch im Lebensbuche des Benedictus steht. Aber ein Satz ist freilich nie derselbe, wenn ihn Benedictus oder Lucifer ausspricht. Aber rein inhaltlich ist es immer derselbe Satz. – Dann aber gibt es im Lebensbuche des Benedictus in der «Prüfung der Seele» im 1. Bilde immer einen weiteren Satz, der sich auf einen der drei erstgenannten bezieht. Er ist verändert in dem Satz, den Ahriman spricht. Ahriman wiederholt nicht die Sätze aus dem Lebensbuch, er verändert sie. Halten wir diese Sätze einmal gegeneinander:

Benedictus, Lucifer:

In deinem Willen wirken Weltenwesen.

Benedictus im Lebensbuch:

Erschaffe dich aus Willenswesen.

Ahriman:

Die Weltenwesen, sie verwirren dich.

Benedictus, Lucifer:

In deinem Fühlen weben Weltenkräfte.

Benedictus im Lebensbuch:

Erlebe dich durch Weltenkräfte.

Ahriman:

Die Weltenkräfte, sie verführen dich.

Benedictus, Lucifer:

In deinem Denken leben Weltgedanken.

Benedictus im Lebensbuch:

Verliere dich in Weltgedanken.

Ahriman:

Die Weltgedanken, sie beirren dich.

Durch die Worte des Benedictus im Lebensbuch, die auch Lucifer spricht, erhellen sich Denken, Fühlen, Wollen mit kosmischen Gedanken, Kräften, Wesenheiten. Aus der einzelnen Seelenkraft erhebt sich das Ganze des Kosmos. Und das Ganze ist voll Licht.

Dieser Öffnung der Seele in das Kosmische hinein setzt Benedictus in seinem Lebensbuche immer entgegen: erschaffe dich, erlebe dich, verliere dich. Er bezieht die Willenswesen, die Weltenkräfte, die Weltgedanken des Kosmos auf das Ich des Capesius. Durch Benedictus wird die geistige Ausatmung ergänzt durch eine seelische Einatmung. Lucifer spricht nur von der Ausatmung.

Ahriman bezieht die Weltenwesen, die Weltenkräfte, die Weltgedanken auch auf das Ich. Aber so, daß er sagt: «Sie verwirren dich, sie verführen dich, sie beirren dich.» Er bewirkt Einatmung der Seele, aber durch Furcht. Die seelische Einatmung in das Ich des Capesius, in das Einzel-Ich erfüllt sich durch Furcht mit Finsternis. So wird das Ganze voll Licht, das Einzelne aber verdunkelt sich. Der Erlebniszustand der Seele des Capesius zu Beginn des Bildes, der wird jetzt wesenhaft umrissen. Weltgeschehen wird Spiegel der Seele.

Lucifer spricht dieselben Worte wie Benedictus. Aber er verschweigt den ergänzenden Satz des Benedictus. Er lügt durch Verschweigen. Seine Worte sind aus dem Gleichgewicht zwischen Kosmos und Ich herausgerissen. Ahriman verzerrt die Worte des Benedictus. Er schiebt sie beiseite. Lucifers Worte saugen nach innen, aus der gleichlautenden Wortform hinein in den veränderten Sinn. Denn der Sinn ist ja ein anderer, wenn er aus dem Gleichgewicht der Gegenworte herausgehoben ist. Ahriman verschiebt Wort und Gedanke nach außen. Er stößt sie nach außen beiseite. So entsteht das Bild einer Seele, eines Denkens, das von Ahriman zur Seite gestoßen wird und von Lucifer aufgesaugt wird. Ein Spiegelbild der Seele entsteht, das aus dem Gleichgewicht gerückt ist von der ahrimanischen Seite hin zu der luciferischen Gewalt. Das ist die Bilderschrift, erregt im Weltgeschehen, räumlich wesenhaft, in der die Seele des Capesius ihr eigenes Denken schaut.

Das alles wird ja nun sichtbar durch die tanzartig ausgeführten Bewegungen der luciferischen und ahrimanischen Gedankenwesen. Es muß hier etwas sehr Kompliziertes geschildert werden, das aber zum Wesen dieser Szene gehört. Das Verhältnis der beiden Tanzgruppen hat nämlich eine gewisse Proportion zueinander, ein gewisses Maß. Die Aufeinanderfolge ist nach bestimmten Zahlen geordnet. Mit dem Bewußtsein zählt das wohl niemand unter den Zuschauern. Es ist wohl auch nicht zu denken, daß die Seele des Capesius das abzählt. Aber darauf kommt es in der Kunst und in der geistigen Wirkung im Kosmos nicht an. Sondern auf die Wirkung kommt es an. Und die Wirkung ist eben so gelenkt, daß das geschilderte Spiegelbild entstehen kann.

Auf die Worte von Lucifer folgt eine gewisse Bewegung. Auf die Worte von Ahriman folgt wieder eine Bewegung der anderen Tanzgruppe. Jede Gruppe macht einzeln nach den jeweiligen Sätzen jeweils drei Bewegungen nacheinander. Jeweils nachdem Ahriman gesprochen hat, machen außerdem beide Gruppen zusammen eine Bewegung. Das geschieht zweimal. Beim dritten Mal ist eine Veränderung da. Nachdem die ahrimanische Gruppe ihre Einzelbewegung gemacht hat, heißt es: «Dann viermalige Wiederholung der Bewegungen jeder Gruppe und dreimalige des Zusammenwirkens.» Wenn man das zusammenzählt, so ergibt sich: 7 mal bewegt sich jede *einzelne* Gruppe und 5 mal bewegt sich die *ganze* Gruppe. Es verhält sich hier also das *Ganze* zum *Einzelnen* wie 5 : 7. 12 Bewegungen sind gegliedert in 5 und 7. Der kosmische Gedankenspiegel in seiner bewegten, wesenhaften Gestalt ist also geordnet nach Maß und Zahl. – Mit den Worten des Capesius vom Anfang der Szene können wir auch sagen: Licht verhält sich zu Finsternis wie 5 : 7. Das alles aber geschieht durch Bewegungen, durch Eurythmie. Und diese Bewegung wurde in Rudolf Steiners Inszenierung durch Musik ergänzt. Die Wirksamkeit von Maß und Zahl ist eine musikalische. Die Schrift dieses Weltgeschehens ist Musik. Und als solche dringt sie wesenhaft in die Seele des Capesius, und auch in die Seele des Zuschauers.

Während wir also die Anschauung der luciferischen und ahrimanischen Gewalt haben, wie es geschildert wurde, träumen wir im Ablauf des Geschehens, in der Zeit, diese räumliche Anschauung zugleich musikalisch mit.

Anfang und Ende des luciferisch-ahrimanischen Geschehens bilden die beiden Auftritte der drei Seelenkräfte und ihre Worte von Wollen, Fühlen, Denken. Was in der Mitte als 12, geteilt in 5 und 7 sich darstellt, wird umschlossen durch die Dreiheit. Ein geheimnisvolles Mathematisieren, wie es die Sternengesetze in sich haben, gestaltet diese Offenbarung. – Philia, Astrid, Luna sprechen dieselben Worte zum Schluß wie am Anfang, mit der einzigen Unterscheidung, daß die beiden Verben verändert sind: Es heißt nicht mehr «Es schweben Gedanken», sondern es heißt «Es schwebten Gedanken.» Und am Schluß heißt es nicht «Erstehe dem Träumer», sondern «Erstanden dem Träumen».

Es schwebten Gedanken
Wie webendes Träumen
Sich wesenhaft bildend
An Seelen heran;
Sich schaffender Wille,
Sich regendes Fühlen,
Sich wirkendes Denken
Erstanden dem Träumen.

Wie soll es anders zum Ausdruck gebracht werden als durch eine solche Wendung der Worte der Seelenkräfte, daß die Seele des Capesius sich durch die Offenbarung verändert erlebt? Von der Rückschau in das Mittelalter an, durch die Zeit seiner Entrückung aus dem Erdenleibe in die geistige Welt hindurch, bis zu diesem kosmischen Spiegel-Selbsterkenntnis-Erlebnis hin erleben wir eine gewaltige Katharsis mit, wie sie das alte Drama nicht träumen konnte. Was sich jetzt einleitet, helfend geführt und geleitet von Benedictus und Maria, ist für die Seele des Capesius eine kosmische Therapie. Eine Therapie für das Verhältnis dieser Geistwesenheit des Capesius zu dem Erdenmenschen, dem Erdenleibe des Capesius. Eine Therapie dafür, wie sich das Ganze dieser Wesenheit, diese Entelechie, zu ihrer einzelnen Inkarnation verhält.

Und jetzt erleben wir die Verinnerlichung dieser kosmischen Offenbarung, das innere Verarbeiten, das innere Verwirklichen. Wie geschieht das? Die Seele des Capesius beginnt zu vergleichen, wie sich die Seele im Erdenleibe fühlt, wenn sie denkt und fühlt und will, und wie sie sich im Kosmos erlebt, wenn sie ohne das Instrument des Leibes diese Seelenkräfte gebraucht. Diese Seele nähert sich aus ihrem verlorenen kosmischen Erleben, dem Erleben im Erdenleibe. Sie begreift, daß alles äußere Geschehen im Kosmos zugleich ein inneres ist. Es werden für sie des Kosmos «grenzenlose Weiten» zum Erlebnis im Gleichgewicht als «fernelose Weiten».

Die Seele, sie erlebt sich innerlich;
Sie glaubt zu denken, weil sie nicht Gedanken
Im Raume vor sich hingestellt erschaut.
Zu fühlen glaubt sie, weil Gefühle nicht
Wie Blitze aus den Wolken zuckend leuchten;
Sie sieht des Raumes Reiche und erblickt
Die Wolken über sich ... Und wenn dies nicht
Sich so verhielte: wenn die Blitze zuckten,
Und nicht ein Auge sich nach oben lenkte ...
Sie müßte glauben, daß in ihr der Blitz.

Jetzt kommt die alte Angst über Capesius, die über ihn kam im 1. Bilde der «Prüfung der Seele», als zum erstenmale geistige Wesenheiten in seiner Seele sprachen. Da rief er mit äußerstem Entsetzen aus: «Wo ist Capesius? Wo bin ich selbst?» Aber ganz anders taucht es jetzt auf:

Sie sieht nicht Lucifer, aus dem Gedanken
Entsprießen und Gefühle sich ergießen –
So kann sie sich allein mit ihnen glauben.
Weshalb ergibt sie solchem Wahne sich?
O Seele, gib dir Antwort ... doch ... woher?
Aus dir? O tu es nicht ... vielleicht ist auch
Die Antwort ... nicht von dir ... von Lucifer ...

Entsetzliche Furcht, viel stärker noch als damals im Erdenleibe, steigt auf, sich selbst völlig zu verlieren, aufzulösen und nur das Werkzeug von Lucifer zu sein. Wieder tritt die Frage auf, wo bin ich, das heißt, an welchem *Orte* bin ich denn? In mir oder außer mir? Wer spricht aus meiner Seele? – Wir erleben, wie im Augenblick der beginnenden Therapie bereits wieder eine Krise Capesius fortreißt, er sich wieder zu entfliehen droht. Jetzt greift Maria ein und ruft ihm zu. Ihre Worte haben etwas Gewaltsames. Wie ein Handeln in äußerster Gefahr. Um seine Seele zu sich zu bringen, schreit sie ihn gewissermaßen an in der geistigen Welt:

Und wenn sie's wäre: deshalb suchst du nicht?

Wann wirst du deine Furcht überwinden? Wann wirst du dich in dir ergreifen? Wann wirst du endlich in die Tiefen des Willens steigen?

So steige in die Tiefen, sie zu finden ...

Von welchem Fundament aus spricht Maria mit so gewaltigen Worten zu Capesius? Man kann eigentlich diese Mysteriendramen gar nicht wirklich innerlich verfolgen und miterleben, wenn man sie nicht wie eine Landschaft, wie ein ganzes Panorama vorwärts und rückwärts anzuschauen und mitzuerleben vermag. Erinnern wir uns an die Szene nach der Rückschau des Mittelalters, wo Maria mit Ahriman in den Kampf tritt und ihn überwindet. Auf diese Weise gerüstet, haben ihre Worte einen anderen Klang, wenn sie sagt «So steige in die Tiefen, sie zu finden ...» Und jetzt werden wir dramatisch unmittelbar in die Situation geführt, die Maria aussprach mit den Worten «Dieses Reiches fernelose Weiten». Was außen, das ist auch innen, und was innen ist, ist außen. Weite ist Nähe und Nähe ist Weite. Capesius, der immer noch ortsunkundig ist, fragt deshalb:

Ein Wesen hier, das Seelen hören kann?

Und jetzt wird es unmittelbar dramatisiert, wie es sich mit dem «Ort» verhält. Maria spricht:

Es sind die Seelen hier doch nicht getrennt.
Das sind sie nur, wenn sie den Leib gebrauchen.
Hier hört sich jede selbst im Wort der andern.
Drum sagst du dir nur selbst, wenn ich dir sage:
Daß du in Tiefen Antwort suchen sollst.

Erleben wir in diesem dramatischen Moment ganz, wie das Karma dieser Menschenseelen sich ineinander verwebt! Hier stehen nicht zwei Menschen nebeneinander, wie in der physischen Welt. Hier spricht eine Seele sich selber aus durch die andere. Capesius spricht durch Maria sich selbst aus. Er ruft sich selber zu, in die Tiefen zu steigen. Lucifer und Ahriman sprechen die Seele des Capesius selbst aus! Es ist nicht ein Schauspiel, das Capesius von draußen ansieht. Er selbst ist das, was wir gesehen und gehört haben. – Capesius sagt:

O in den Tiefen ... droht die finstre ... Furcht.

Denken wir wieder zurück an das Mittelalter, wo Capesius versäumte, den Willensweg des Ritterbundes in gehöriger Weise zu gehen. Er, der 1. Präzeptor, blieb in der Lehre, in der Erkenntnis hängen. Jetzt ist Hilfe nötig. Denn die Willenstiefen sind nicht erfaßt. Und aus den Willenstiefen, aus den eigenen Leibestiefen droht die finstere Furcht.

Aber Maria ruft ihn gewaltig auf, er selbst ruft in Maria sich mächtig zu:

Ja, wahrlich, sie ist da; doch frage dich,
Da du hinab dich zwangest in ihr Reich,
Ob sie nicht deutlich sich dir offenbart.
Von Lucifer, vor dem du stehst, erfrage,
Ob er dir Furcht in deine Schwäche gießt.

Lucifer antwortet ihm: Weltenwesenswort erklingt durch Seelenwort, Seelenwort wird Ohr des geistigen Weltenwortes, das Lucifer jetzt ausspricht. Das Gespräch wird immer gewaltiger in seinem Fortgang, immer kosmisch-persönlich. Lucifer sagt:

Die Wesen, die mich fliehen, lieben mich.
Es liebten mich die Erdenkinder stets,
Nur glauben sie, daß sie mich hassen sollen.
Doch suchen sie in meinen Taten mich.
In kalter Wahrheit Formen müßten sie
Hinschmachten durch das lange Erdenwerden,
Wenn ich in ihre Seelen ihnen nicht
Die Schönheit senkte als des Daseins Zierde.
In Künstlerseelen flöße ich die Kräfte.
Was jemals Menschen als ein Schönes schauen,
In seinem Urbild ist's in meinem Reich.
Nun frage dich, ob du mich fürchten sollst.

Im 3. Bilde, in Lucifers Reich, sprach Maria zu Capesius:

Der Leib, der Erdenseelen eigen ist,
Er trägt in sich die Mittel, göttlich Schönes
In hehren Bildern wirksam nachzuschaffen. ...
So dient durch seinen Leib der Mensch den Göttern.
Und seines Seelenlebens wahrer Sinn
Erscheint ihm nur, wenn sich in seinem Leibe
Die Kraft zum wesenhaften «Ich» erfühlt.

Und als Capesius vor diesen Worten fliehen will, weil sie ihn furchtbar brennen, sagt Maria:

So hassest du,
Was Menschen erst zu wahren Wesen macht?

Capesius haßt jede Beziehungnahme zur Erde, er haßt darum auch, was allein durch diese Beziehung möglich wird, die Schönheit, die Kunst. Er haßt den Leib, er haßt vor allem die Persönlichkeit, die vom Leib umschlossen ist: «Capesius». Jetzt spricht Lucifer aus, daß er der Geist ist, der den Menschen mit all diesen Kräften begabt. Er ist derjenige, der in der Schönheit der Sinnlichkeit den Weg weist, dem Geist zu dienen. Die Seele des Capesius spricht durch Lucifer, Lucifer spricht aus der Seele des Capesius von dem gerechten Orte, an dem beide sich finden können. Im Gleichgewicht zwischen Geistwelt und Erdenwelt. – So macht Maria Capesius darauf aufmerksam, daß die Furcht nicht aus Lucifers Reich stammen kann. Die von Lucifer geschilderten Gaben kann der Mensch sich nur erringen, wenn er sie wünscht, wenn der Wunsch danach in seiner Seele lebt. Die Furcht muß also aus anderem Machtbereich, von anderem Orte herstammen. Jetzt dringt die Seele des Capesius in die Tiefen! Jetzt dringt er ein in die Welt Ahrimans, indem Ahriman aus ihm spricht.

> Ich war den Göttern ebenbürtig einst.
> Sie mußten mir die alten Rechte kürzen.
> Ich wollte meinem Bruder Lucifer
> Für seine Reiche so die Menschen bilden,
> Daß jeder seine Welt in sich nur trüge.

Was wird aber damit gesagt? Warum mußten die Götter die alten Rechte Ahrimans kürzen? Er wollte den Menschen dahin entwickeln, daß er nur noch eine Eigenheit sein würde, ein *Einzelner*. Damit aber wäre ihm seine eigene *Ganzheit* verloren gegangen.

> Da Lucifer als Gleicher unter Gleichen
> Im Geistesreiche nur sich geben wollte
> Und *Vorbild* nur für andre, niemals aber
> Ein *Herrscher* über Wesen konnte sein,
> So wollte ich dem Menschen Stärke geben,
> Daß er dem Lucifer sich gleich bezeuge.

Lucifer wollte nur Vorbild sein, er wollte Gleicher unter Gleichen mit den Menschen sein, er wollte mit den Menschen ein Ganzes bilden. Dieses Ganze sollte von seinem Licht erfüllt sein. Ahriman dagegen wollte den Einzelnen in der Finsternis seiner Abgeschiedenheit stärken, so daß er sich zu dieser luciferischen Gemeinsamkeit erkraften würde.

> Und wär' ich in dem Götterreich geblieben,
> Es wär' dies auch im Urbeginn geschehn.
> Doch wollten Götter Herrscher sein auf Erden,
> So mußten sie aus ihrem Reiche einst
> In Abgrundtiefen meine Kraft verbannen,
> Daß ich die Menschen nicht zu stark erkrafte.
> Und so vermag ich nur von diesem Orte
> Zur Erde hin die starke Kraft zu senden.
> Sie wird auf diesem Wege aber – Furcht.

Jetzt ist auch diese Frage des Capesius, an welchem Orte er sich befindet, beantwortet. Seine Seele ist wirklich in die

Tiefe gedrungen. Es ist die Tiefe der ahrimanischen Gewalt und es ist auch seine eigene Tiefe. Einer spricht sich durch den andern aus. Beides ist eins. Die fernelose Weite. – Bei diesen letzten Worten erscheint Benedictus. Das wirkt im dramatischen Bilde so, wie wenn beide Gewalten, Lucifer und Ahriman, ihr Maß erhalten, den ihnen zugemessenen Ort. Mit Benedictus erscheint das wahre Gleichgewicht. Man muß immer die Sprache des gesamten dramatischen Bildes aufsuchen, um im Fortgang des Geschehens zu bleiben. Jetzt weiß Capesius den Ort, wie seine Worte bezeugen:

> Wer das gehört, was hier die beiden Mächte
> Von ihren Orten durch die Welten sprachen,
> Der weiß dadurch die Furcht und auch den Haß
> In ihren eignen Reichen aufzusuchen.

Jetzt darf die Therapie sich vollenden, nachdem die Katharsis voll und ganz durchlebt worden ist. So faßt Benedictus das Erlebnis zusammen. So faßt die Seele des Capesius in den Worten des Benedictus ihr eigenes Erleben zusammen, sich selbst zu erkennen und zu finden. Benedictus spricht:

> In Weltenworten sollst du dich erkennen,
> Erfühlen dich in Weltgedankenkraft.
> Und da du außer dir jetzt schauen konntest,
> Was du als deine Eigenheit dir träumtest,
> So finde *dich* und schaudre künftig nicht
> Beim Worte, welches dir gerecht erklingt
> Und dir das eigne Sein bezeugen soll.

Das Wort, welches ihm gerecht erklingt und das ihm das eigne Sein bezeugen soll, ist eben das Wort «Ich», wie es Maria im 3. Bild an Capesius herangebracht hat. Auch der Eigenname «Capesius» deutet daraufhin. Wie ein Jubel der Gesundung, die Gnade empfindend des Sich-wieder-geschenkt-Werdens, des Zu-sich-selbst-Kommens drückt die Seele des Capesius aus:

> So darf ich künftig wieder mir gehören.
> Ich werde mich jetzt suchen, weil ich mich
> Im Weltendenken schauend leben darf.

Capesius hat sich nicht nur einmal erkannt, er darf sich von nun an selber leben, im Weltendenken schauend leben. Benedictus bekräftigt diese Worte des Capesius, er nimmt ihn gleichsam bei beiden Schultern, um festzuhalten, was er jetzt selbst errungen hat. Er tut es auf eine eigentümliche Art.

Und binde dir, was du gewonnen jetzt,
An alt Erworbenes auch, zum Weltbesitz.

Warum sagt er nicht, mach' es dir zum Eigentum? Weil das Eigentum, das er jetzt sich aus den geistigen Welten heraus errungen hat, Weltbesitz ist. Es ist zu gleicher Zeit Welt, die ihm nicht angehört, die kosmisch ist, und es ist Besitz, Eigenwesen geworden: Weltbesitz. Alles versammelt sich so zuletzt in ein moralisches Erreichnis.

«Im Hintergrunde an Benedictus' Seite erscheint Frau Balde in ihrer gewöhnlichen Kleidung.» Im Augenblick, da wir den Abstieg des Capesius in die Erdenwelt erwarten, tritt Frau Balde auf. Und wie tritt sie auf? In ihrer gewöhnlichen Kleidung. Es ist nicht vielen Gestalten in den Mysteriendramen erlaubt oder beschieden, in ihrer gewöhnlichen Kleidung in der geistigen Welt zu erscheinen. Frau Balde aber erscheint in der geistigen wie in der physischen Welt in gleicher Kleidung. Wer könnte ein besserer Mentor für die Seele des Capesius sein! Im 5. Bilde der «Prüfung der Seele» geleitete sie die Seele des Capesius in die geistige Welt hinein, indem sie ihm das Märchen vom Quellenwunder erzählte. Nun erscheint sie in der geistigen Welt, um ihn gleichsam wieder abzuholen und hinabzugeleiten. Was erzählt sie? Ein Märchen! Ein Märchen beschließt das gewaltige Ereignis. Und wovon handelt dieses Märchen? Es handelt von einem Wesen aus der Lichtwelt des Geistes. Wahlverwandtschaft hält dieses Wesen dort fest. Die übrigen lichten Wesen, die dort schaffen, sind Wesen, die Weisheit wirken. Unter ihnen wächst es heran. Und Pfleger ist ihm der Vater der Wahrheit. Dieses Wesen erblickt teilnahmsvoll die Menschen auf der Erde, die Sehnsucht nach dem Weisheitslichte haben. Aber die Menschen können das Weisheitslicht nicht direkt erhalten. Das können nur Wesen, die nicht atmen. Wer unter Geistessonnen lebt, der darf nicht nach Atem dürsten. Das Wesen fühlt Mitleid mit den Erdenseelen. Da schickt der «Wahrheitvater» es hinab auf die Erde, damit es Licht in Atemseelen bringe. So wendet sich das Wesen hinab zu den Menschen. Die guten Menschen, die nehmen sein Licht in ihre Herzen auf. Durch das Licht, das sie von dem Wesen erhalten, fühlen sie sich dem «Wahrheitvater» verbunden. Unter den Menschen, die es mit gutem Herzen – es mußten *gute* Herzen sein – aufnahmen, erklang ihm sein Name wie ein Zauberwort: Phantasie. Aber eines Tages trat dem Wesen aus der Finsternis der Erde ein Mann entgegen, der ihm sagte, daß seine Gaben nur Träume seien, Betrug seien, und unter den Menschen nur Verwirrung stiften könnten. Seit diesem Tage gab es viele Menschen, die das Wesen verleumdeten, was so treulich, so mitleidsvoll Licht in Atemseelen bringen kann. Was aus dem Licht der Weisheit die Brücke schlägt zum guten Wirken auf Erden, Weisheit und Güte verbindet, es ist wieder das Schöne, die Phantasie, die Kunst.

«Es erscheinen in einer Lichtwolke: Philia, Astrid, Luna und die andere Philia.» Was sie aussprechen, spricht das Wesen des genesenen Capesius aus. So ist er geworden. So kann er in die Zukunft schreiten. Philia spricht aus, daß das Licht des Geistes seine Seele nicht mehr betäuben wird:

> Es findet die Seele,
> Die trinket das Licht,
> In Weltengefilden
> Sich kräftig erwacht.

Er hat die Furcht überwunden, sein volles Wesen zu leben; so spricht Astrid:

> Es fühlet der Geist,
> Der furchtlos sich weiß,
> Im Welten-Erleben
> Sich kraftvoll erstehen.

Im vollen Geisterleben drinzustehen und im vollen Maße Erdenpersönlichkeit zu sein, dazu belebt ihn Luna:

> Es wolle der Mensch,
> Der Höhen erstrebt,
> In Gründen des Seins
> Sich machtvoll erhalten.

So sprechen die drei geistigen Wesenheiten, die den Zusammenhang der Seele des Capesius mit dem Kosmos bewirken. Sie erhalten seine Seele im Gleichgewicht zwischen Erde und geistigem Kosmos. Die andre Philia hemmt diesen Zusammenhang. Sie führt das, was allein in den Kosmos hinausstrebt, in das Menschliche zurück. Den erwachten Seher kann sie nicht hemmen. Aber sie läßt das geistige Erlebnis der Gewalt Lucifers als Freude, als Begeisterung in die Seele des Capesius strömen. Und gegenüber der ahrimanischen Geistgewalt gibt sie ihm den Trost, im Selbstbewußtsein zu ruhen und die Stärke, furchtlos sich als Wesen unter Geistwesen zu finden. Die andre Philia spricht und beschließt damit die Szene:

Es strebet der Mensch
Zum Träger des Lichts,
Der Welten erschließt,
Die fröhliche Sinne
Im Menschen erquicken.
Begeistert Bewundern
Entführet den Geist
In Göttergefilde,
Die leuchtende Schönheit
In Seelen erweckt.
Errungenes tröstet
Gefühle, die wagen
An Schwellen zu treten,
Die strenge behütet
Vor fürchtenden Seelen.
Und Stärke, sie findet
Das reifende Wollen,
Das furchtlos sich trägt
Zu Schöpfergewalten,
Die Welten erhalten.

«Vorhang fällt, während noch Benedictus, Capesius, Maria, Frau Balde, Lucifer, Ahriman und die vier Seelengestalten an ihren Orten sind.» So beantwortet sich die Frage der Seele des Capesius bis hinein in den letzten Anblick des Bildes:

An welchem *Ort* des Geisterlandes tönen
Die Worte, die auf Erden Seelen prüfen?

Der Hüter der Schwelle. Das 7. und 8. Bild

Mit dem 7. und 8. Bilde gelangen wir zu der Kulmination des dritten Mysteriendramas. Sie führt zur Begegnung mit der Geistgestalt des Hüters der Schwelle, der diesem Drama den Namen gibt. – In dem 3. und 6. Bilde haben wir erlebt, in welcher Weise Maria Capesius die Hilfe leistet, die sie durch ihr heilig-ernst Gelöbnis versprach zu leisten. Wir werden jetzt erleben, auf welche Weise sie ihrem Gelübde entsprechend Johannes Thomasius über die Schwelle geleitet. Rufen wir uns dies Gelübde aus dem Sonnentempel der «Prüfung der Seele» noch einmal ins Gedächtnis:

Wenn meine Seele Treue halten kann
Dem Licht, das ihr die Geistesmächte spenden,
Wird sie sich Kräfte schaffen durch die Dienste,
Die sie Capesius vermag zu leisten
Auf seiner schweren Lebenspilgerfahrt.

Welche Kräfte hat sich Maria geschaffen, die sie zu einem Fortschritt ihrer Geistesschülerschaft geführt haben, wie sie es sagt? Am Ende des 3. Bildes faßt Maria diese Kräfte zusammen in den Worten, die an diesem Orte Taten sind. Mit diesen Worten führt sie den Kampf gegen Lucifer für Johannes:

Du wurdest einst im Erdenurbeginn
Erhört, als du der *Weisheit* Früchte zeigtest,
Der *Liebe* Früchte sollen Menschen nur
Aus Götterreichen sich gewähren lassen.

Was sich Maria erringt, indem sie Capesius im Reiche Lucifers erschaut, ist das rechte Gleichgewicht zwischen Lucifer und den guten Göttern. Gegen Ende des 6. Bildes geleitet sie Capesius dahin, das Luciferische in das rechte Gleichgewicht zu den Kräften Ahrimans zu bringen. Mit diesen Kräften gerüstet, schreitet sie nun dahin fort, den andern Teil ihres Gelübdes zu erfüllen:

Sie wird mit Kräften, die sie so erwirbt,
Gewiß Johannes' Stern auch dann erschauen,
Wenn er, von Wunschesfesseln abgelenkt,
Den Weg nicht wandelt, den das Licht bestrahlt.

Das war der andere Teil des Gelübdes, das sie im Sonnentempel der «Prüfung der Seele» ablegte. Wohin sie aber nun Johannes geleiten wird, das spricht Maria im 2. Bilde des dritten Dramas aus. Wir kennen es schon. Und diese Worte bilden die unmittelbare Exposition für das, was wir im 7. Bilde und im dritten Teile des 8. Bildes erleben werden:

> Johannes, die Gefährtin deiner Seele,
> Sie darf an deiner Seite wieder stehn,
> Und folgen darf sie dir in Weltengründe,
> In denen Seelen sich das Götterfühlen
> Erkämpfen durch die Siege, die vernichten
> Und von Vernichtung kühn das Sein ertrotzen.
> Und in die ewig leeren Eisgefilde
> Darf sie den Freund geleiten, wo sich ihm
> Das Licht entringt, das Geister schaffen müssen,
> Wenn Finsternisse Lebenskräfte lähmen.

Die Szenerie des 7. Bildes wird folgendermaßen beschrieben: «Eine Landschaft aus Phantasieformen. Majestätisch in ihrer Zusammensetzung aus wirbelnden Wassermassen, die sich zu Gestalten formen auf der einen Seite, aus lodernden Feuerwirbeln auf der anderen Seite. In der Mitte ein Erdschlund, aus dem Feuer sprüht, das sich wie zu einem Tore auftürmt, welches sich vor einem aus Feuer und Wasser sich gestaltenden gebirgsartigen Gebilde befindet.»

Das dritte Mysteriendrama führt uns an vier kosmische Orte, an vier Wohnorte geistiger Wesenheiten. Das Reich Lucifers, das Reich des Lucifer und Ahriman, das Reich Ahrimans, das wir später kennenlernen werden und eben den Ort, an dem der Hüter der Schwelle uns entgegentritt. – Das Reich des Lucifer wird charakterisiert durch pflanzen- und tierähnliche Formen, Phantasieformen. Das Reich Ahrimans wird mineralisch sein, gebirgsartig, von Totengerippen durchsetzt. Das Reich des Lucifer und Ahriman, das 6. Bild, hat baumartige Gebilde, die sich ineinander verschlingen, das Ganze von Naturvorgängen wild und stürmisch bewegt. Alle drei Orte weisen noch fest gestaltete ruhige Formen und szenische Elemente auf. Die Szenerie des 7. Bildes besteht nur noch aus Bewegung. In dem gesamten Bühnenbilde ist nichts mehr fest. Wirbelnde Wassermassen auf der einen, Feuerwirbel auf der anderen Seite. Sprühendes Feuer bildet ein Tor in der Mitte. Dieses Feuer sprüht aus einem Erdschlund herauf. Der Erdschlund ist sozusagen der letzte Rest eines Elementes, an dem das Auge sich festhalten kann, und der besteht aus Finsternis. Durch dieses sprühende Feuertor schaut man wieder auf

Bewegungen, auf ein gebirgsartiges Gebilde, das sich aus Feuer und Wasser in Bewegung gestaltet. Eine nicht leichte Aufgabe für den Bühnenbildner! Aus dieser bewegten Landschaft tritt uns die Gestalt des Hüters der Schwelle entgegen. Thomasius nähert sich mit Maria dem Feuertore. Noch sind sie nicht sichtbar. Der Hüter spricht:

Welch ungestümes Wünschen tönt hierher;

Wir wissen aus dem vorigen Bilde, daß Lucifer der Herr der Wünsche ist. Dieses Wünschen, das Lucifer in Johannes Thomasius erregte, ist seine Leidenschaft zu Theodora.

Welch ungestümes Wünschen tönt hierher;
So stürmen Menschenseelen, die mir nahen,
Bevor sie noch Gelassenheit sich voll errungen.
Es treibt jedoch Begierde solche Wesen
Und nicht die Kraft, die schaffend sprechen darf,
Weil sie sich schweigend selber schaffen konnte.

Das Feuer der Begierde, das Feuer des Wunsches, die von Lucifer erregt werden, bei denen das Ich selbst passiv bleibt, dieses Feuer wird von dem Hüter der Schwelle abgewiesen. Das Feuer aber, die Kraft, die sich selbst erschafft aus dem Schweigen von Wunsch und Leidenschaft, diese Feuerkraft besteht beim Durchgang durch das Feuertor des Hüters der Schwelle. Davon sprach Maria am Ende des 2. Bildes, als sie zu Johannes sagte:

Drum muß dein Wesen völlig schweigsam werden
Und schweigsam harren, was der Geist ihm bringt;
Und dann erst wieder sich mit dir beraten,
Wenn du dich selbst dir neu gewonnen hast.

Und der Hüter fährt fort, indem er seine Pflicht gegenüber den leidenschaftserfüllten Seelen ausspricht:

Die Seelen, welche hier sich so bezeugen,
Ich muß zur Erde sie zurück verweisen.
Sie können doch in Geistesreichen nur
Verwirrung stiften und die Taten stören,
Die Weltenmächte weise vorbereiten.
Und auch dem eignen Wesen schaden sie.
Sich selbst erzeugen sie Zerstörungstriebe,
Die sie für Schöpferkräfte halten können,
Weil sie den Wahn für Wahrheit nehmen müssen,
Wenn Erdenfinsternis sie nicht mehr schützt.

Und mit diesen Worten erscheinen Thomasius und Maria. Nun spricht Thomasius den Hüter an auf eine ganz merkwürdige Weise. Wir fühlen uns in manchem erinnert an die Art, wie Capesius sich aussprach im Reiche Lucifers. Thomasius spricht:

Du siehst vor deiner Schwelle nicht die Seele,
Die aus Thomasius, dem Geistesschüler
Des Benedictus, sich dir öfter nahte,
Obgleich sie doch Thomasius' Gestalt
Auf Erden noch die ihre nennen muß.

Derjenige Thomasius also, welcher der Schüler des Benedictus ist und sich als solcher dem Hüter oft genähert hat, der auf Erden die Gestalt des Thomasius, des Geistesschülers, trägt, der ist es nicht, welcher jetzt hier steht. Es ist ein anderer Thomasius. Der erste Thomasius hat oftmals über diese Schwelle geschaut, er glaubte den Ursprung der Welt dort zu begreifen, er fand die Kräfte, die ihn als Künstler die geistige Welt darstellen ließen. Doch war dies alles Schein. Das Geistige erwies sich nur als subjektiver Wesensinhalt seiner eigenen Seele.

Der Spinne gleich, die sich ins Netz verspinnt,
So formte er sich selbst, als Welt sich fühlend.

Ja, selbst das Bild des geistigen Wesens von Maria, das er im Geistgebiet, dem 7. Bilde des ersten Dramas, empfing, es war nur ein Bild, das Maria selbst erst in seine Seele geprägt hatte. Es war nicht Wirklichkeit. Wo aber ist der wirkliche Thomasius? Wo lernte er selbst diesen kennen? In dem Augenblick, in der «Prüfung der Seele», als der Doppelgänger ihm sein wahres Wesen im eigenen Blute zeigte. Zwar wünschte er diesem eigenen Wesen im Blute zu entfliehen, aber es erwies sich ihm als Wirklichkeit. Von jetzt an wurde das Blut sein Lehrer. Das Blut führte ihn zu der Erkenntnis, wer im vergangenen Leben sein Vater und die ihm teure Schwester waren. «Zu Blutsverwandten führte ihn sein Blut.» Und als er diese Realität erfaßt hatte, da warf er sich Lucifer hin, übergab er sich Lucifer mit aller Kraft. Die geistige Welt, die er erkannt zu haben glaubte, erwies sich als Schein, als Täuschung. Lechzend nach Realität fand er diese bei Lucifer.

Die Götter wollen in der Wahrheit nur
Dem Menschen nahn; doch Lucifer – der bleibt
Er selbst, ob wahr, ob falsch der Mensch ihn
schaut.

Und was erfüllt ihn als Wirklichkeit im Reiche Lucifers? Das, was Lucifer ihm als Wirklichkeit magisch einverwoben hat. Die Leidenschaft zu Theodora.

Deshalb erkenn' ich auch, daß ich fürwahr
Die Wirklichkeit erfühle, wenn ich glaube,
Daß ich die Seele finden muß, die er
In seinem eignen Reiche mir verband.
Mit all der Kraft, die Lucifer verleiht,
Gerüstet, will ich mich an dir vorbei
Zu Theodora drängen, welche ich
Im Lande jenseits dieser Schwelle weiß.

Eine furchtbare Tragödie spielt sich ab in der Seele des Johannes Thomasius. Alles, was er, durch die Pforte der Einweihung schreitend, seinem Ich sich errungen hat, das wirft er weg als Schein, es für wertlos erachtend. Das aber, was aus seinem Instinkt, aus seinem Blute aufsteigt, das erscheint ihm als die ersehnte Wirklichkeit. Wie kann das einem Eingeweihten geschehen? Diese Frage Friedrich Trautmanns aus dem 2. Bilde muß einen immer wieder bewegen. Wie kann ein Mensch so hoch steigen und doch so tief fallen, so ganz dem Irrtum sich übergeben? Es ist wohl nötig, an einer solchen Stelle diese Frage intensiv zu empfinden. So wie sie der 2. Zeremonienmeister eben auch empfindet. Und doch wird der geheimnisvolle Schicksalsweg, den Rudolf Steiner dramatisieren wird bis zum Ende des 8. Bildes, zeigen, daß diese Frage philiströs ist, daß sie an der wahrhaften Wirklichkeit des Welt- und Schicksalsgeschehens vorbeigeht. Johannes Thomasius wies mit seinem Wort darauf hin, daß der Mystenbund nicht nach Weltgesetzen urteile.

Die Pflicht des Hüters ist, Thomasius von der Schwelle zurückzuweisen. So wie Thomasius jetzt beschaffen ist, würde er über die Schwelle nichts mit hinübernehmen können. Er würde jenseits der Schwelle ein wesenloses Wesen sein. Denn alles, was er sich in geistig reinem Streben errungen hat, das hat er selbst jetzt weggeworfen, er hat es Ahriman zum Eigentum gegeben. Er hat sein Werk von sich getrennt. Denn er glaubte, daß er nicht der Mensch sein durfte, es zu schreiben. Das Werk, die Gedanken sind gleichsam von seinem Ich verlassen worden. So hat Ahriman es ergriffen. Was jetzt noch in seiner Seele lebt, das ist diese Blutsreligion. Es ist der Einfluß Lucifers. Das aber taugt nicht für den Eintritt in die geistige Welt. Der Hüter sagt, wie es um die Kräfte seiner Seele steht.

Behalten kannst du doch von ihnen nur,
Was sich in geistig reinem Streben dir
Erschlossen und auch rein verblieben ist.

Doch dieses hast du selbst von dir geworfen
Und Ahriman als Eigentum gegeben.
Was dir jetzt noch erhalten, das hat dir
Für Geisteswelten Lucifer verdorben.
Ich muß es an der Schwelle dir benehmen,
Wenn du gerecht sie überschreiten willst.
So bleibt dir nichts; – ein wesenloses Wesen,
Das wirst du sein, wenn du dich geistig findest.

Man möchte glauben, daß Thomasius nun sich in Schrekken zurückwendet, in Schrecken vor dem Nichts. Aber so ist es keineswegs! Thomasius ruft aus:

Doch *werd'* ich *sein* und Theodora finden.
Sie muß mir Quelle vollen Lichtes sein,
Das ihrer Seele ohne Erdenwissen
So reichlich stets sich offenbaren kann.
Das ist genug.

Thomasius stürmt heran mit voller Leidenschaft, um sich das Licht der Seherin Theodora zu erbeuten. Wie begegnet er dem Hüter der Schwelle – diesem Geistwesen? Auf eine allerdings sehr persönliche Art. Eben haben wir die mächtige Würde dieses Wesens erlebt.

Und *du* wirst dich vergebens
Mir widersetzen, auch dann, wenn die Kraft,
Die ich auf Erden mir erworben habe,
Der Meinung nicht entspricht, die sich in dir
Vom guten Geiste einst gebildet hat.

Es ist immerhin eine unerwartete und auch erstaunliche Art, wie Johannes mit dem Hüter der Schwelle umgeht. Eine Autorität scheint er nicht für ihn zu sein. Lucifer ist der Ur-Rebell im Weltall und Thomasius an dieser Stelle sein wahrer Schüler. – Jetzt greift Maria in das Gespräch ein:

Bekannt ist dir, der dieses Reiches Schwelle
Behüten muß seit Erdenurbeginn,
Was, um es zu betreten, Wesen brauchen,
Die deiner Art und deiner Zeit gehören;
Und auch die Menschen, welche dir begegnen,
Sie müssen, wenn sie nur sich selber bringen
Und rechtes Geistesgut nicht zeigen können,
Von hier zurück ins Erdenleben gehen.

Maria schildert zweierlei Anwärter auf den Schwellenübertritt. Beide muß der Hüter der Schwelle beurteilen. Auf der einen Seite sind es «Wesen», auf der anderen «Menschen». Es wird ein Unterschied zwischen Wesen und

Menschen gemacht. Und zwar sind es Wesen von der Art des Hüters der Schwelle. Was sind das für Wesen? Das Personenverzeichnis gibt darüber Aufschluß. Es sind Wesen des menschlichen Geisteselementes. Zu diesen gehören außer dem Hüter der Schwelle: der Doppelgänger des Thomasius, die Seele der Theodora, Philia, Astrid, Luna, die andre Philia, die Stimme des Gewissens. Alle haben das gemeinsam, daß sie keinen Erdenleib besitzen. Auch die Menschenseele, insofern sie zu den Toten oder Ungeborenen zählt, ist ein Wesen. Und diese Wesen gehören auch der Zeit des Schwellenhüters an. Seine Zeit wird nach rückwärts begrenzt durch den Erdenurbeginn. Wer also Wesen ist seit dem Erdenurbeginn und keinen Leib trägt, der ist hier gemeint. Demgegenüber werden die Menschen genannt, die aus dem Erdgebiet heraufsteigen, um gegebenenfalls zurückgeschickt zu werden. Das heißt dann, wenn sie nur sich selbst bringen, nicht den Funken des Geistes aus ihrer Seele geschlagen haben. – Das alles anerkennt Maria. Sie setzt sich nicht darüber hinweg wie Thomasius. Aber auch Maria nimmt das bisherige Urteil des Hüters nicht an. Sie bittet darum, daß Johannes an ihrer Seite die Schwelle überschreiten dürfe. Warum? Maria erkennt voll an, daß Johannes in seinem jetzigen Zustande nicht die Schwelle überschreiten darf. Sie charakterisiert aber die Seele, welche dazu legitimiert ist:

Doch du vermagst sie jenen doch zu öffnen,
Die sich durch ihres Wesens Eigenart
Im Geistesreiche solcher Liebe neigen
Und sich mit ihr auch ganz durchdringen können,
Die deine Götter ihnen vorbestimmt,
Bevor noch Lucifer zum Kampfe schritt.
Vor seinem Throne stehend hat mein Herz
Sich streng geloben dürfen, dieser Liebe
In künft'gen Erdenzeiten so zu dienen,
Daß ihr Erkenntnis, die von Lucifer
In Menschenseelen strömt, nicht schaden kann.
Und Menschen werden stets sich finden müssen,
Die auf der Götter Liebeoffenbarung
Mit starkem Sinne hören, wie sie einst
Auf Lucifers Erkenntnisworte hörten.

Lucifer verwaltet die Weisheit, aber nicht darf er die Liebe beherrschen. Die wird von Göttern geschenkt, die mit Lucifer im Kampfe stehen. Maria weiß dies, wie auch der Hüter es weiß. Johannes aber ist taub für diese Götterstimme der Liebe. Er ist erfüllt von der leidenschaftlichen Liebe Lucifers. Und so hat er auch im Erdgebiet kein Gehör mehr für die Stimme der Liebe, die aus Maria zu ihm spricht.

Johannes hat im Erdenleibe jetzt
Gehör für meine Stimme nicht wie früher,
Als ich in langvergangnen Erdenleben
Ihm offenbaren durfte, was mir selbst
Vertraut Hybernias Weihestätten hatten,
Von jenem Gotte, der im Menschen wohnt,
Und der einst über Todesmächte siegte,
Weil er der Liebe Wesen leben konnte.

Am Ende des 2. Bildes charakterisiert Johannes, was Maria zu ihm spricht, mit den folgenden Worten: «... segnend tönte dann Der Liebe Stimme in dem finstern Reich». Johannes sagt nicht, es tönt Marias Stimme. Sondern durch ihre Stimme tönt die Liebe. Und hier erfahren wir, welche Götterliebe durch ihre Stimme tönt. Es ist die Christusliebe. Mit dieser Liebe, mit Christuskräften, kämpft Maria gegen den luciferischen Liebeswahn, von dem Johannes besessen ist. Aber auf Erden kann sie nicht kämpfen. Das Erdgehör hat Lucifer taub gemacht.

Der Freund, er wird im Geistesreiche wieder
Das Wort aus meiner Seele hören können,
Für welches Lucifer sein Erdgehör
Ihm trüben konnte durch die Wahneskraft.

Es gibt keinen anderen Ausweg, als daß Johannes an Marias Seite die Schwelle überschreitet. Denn nur jenseits der Schwelle, im Geistgebiet, kann er die Stimme der Liebe, die Christusstimme, die durch Maria erklingt, wieder hören. Darum wird der Hüter Johannes das Überschreiten der Schwelle nicht verwehren. Aber bevor der Hüter antworten kann, wendet sich die Szene. Man kann sich vorstellen, daß die Feuer- und Wassergewalt zurücktritt im Eindruck der erhabenen Gestalt des Hüters, die in ihrer Wirksamkeit an sich hält, denn plötzlich schauen wir in die Seele des Thomasius. Er beginnt zu sprechen «wie ein Wesen geistig schauend»:

Maria, siehst du dort im langen Kleid
Den würdevollen Greis, das Antlitz ernst,
Die Stirne edel, leuchtend seine Blicke.
Er schreitet durch die Gassen, die von Menschen
Gefüllt; doch alle weichen ehrerbietig
Zur Seite, daß in Ruhe jener Greis

Des Weges gehen könne und ihm nicht
Des Denkens Lauf unsanft zerrissen werde.
Denn sehen kann man, wie er ganz in sich
Gedankenkräftig Wesenhaftes sinnt.
Maria, siehst du ihn?

Und Maria antwortet Johannes:

Ich sehe ihn,
Wenn ich mit deinem Seelenauge blicke.
Nur dir allein will er in dieser Zeit
Bedeutungsvoll im Bild sich offenbaren.

Halten wir den Augenblick fest, in dem Johannes die Gestalt dieses Mannes vor seinem schauenden Auge erscheint. Von Lucifer getrieben, naht er sich der Schwelle. Der Hüter, der ihn zur Selbsterkenntnis leiten muß, steht ihm gegenüber. Maria geleitet Johannes über die Schwelle mit den Christuskräften, die in ihr und durch sie wirken, durch die Opferkräfte ihrer Seele. Johannes erschaut den ganzen Lebenslauf dieses Greises. Sein Wesen kommt ihm so nahe, daß er eine heiße Liebe für diesen Greis in sich entbrennen fühlt. Dieser war in jungen Jahren ein tapferer Krieger, der durch großen Ehrgeiz und Mut sich im Kampf hervortat. Dabei vollbrachte er ungeheuerliche Grausamkeiten und vergoß viel Blut. Nach und nach verließ ihn aber das Kriegsglück. An die Stelle des großen Ruhmes, den er sich erworben hatte, trat Hohn und Spott seiner Mitmenschen. So entstand in dem Manne ein wilder Haß gegen die Menschen, die ihn erst erhoben hatten und ihn nun so erniedrigten. Er sann auf Rache gegen seine Volksgenossen.

Doch weil des Mannes stolze Seele sich
Gar bald gestehen mußte, daß ihm Rache
An seinen Feinden während seines Lebens
Nicht möglich sei, bezwang er sich nun selbst.
Er kämpfte nieder Stolz und Ruhmbegierde.

Das Motiv ist also zunächst nicht ein moralisches, um die Rachsucht niederzukämpfen, sondern es ist Klugheit. Aus der Klugheit wird aber allmählich eine moralische Kraft. Ist aber die Leidenschaft in einem solchen Charakter dann wirklich ganz vernichtet? Für jenes Leben jedoch gilt der Sieg, den er über sich selbst errang.

Im Greisenalter noch entschloß er sich,
Dem kleinen Schülerkreise beizutreten,
Der damals sich in seiner Stadt gebildet.
Der Mann, der Lehrer dieses Kreises war,

Besaß in seiner Seele alle Weisheit,
Die von den Meistern alter Menschheitszeiten
Den Eingeweihten überliefert ward.

Dieser Greis nahm also teil an jener Mysterienweisheit, die der Großmeister im 1. Bilde den anwesenden Menschen geschildert hatte. – Johannes fühlt sich nun von Leidenschaft für diese Seele, die er schaut, ergriffen:

Ich fühle warme Liebe, wenn ich so
Das Seelenauge wende zu dem Greise,
Der nach den Siegen, die ihm Ruhmbegierde
Errungen, den größten noch erkämpfen durfte,
Der Menschen möglich, jenen über *sich*. –

Es geschieht also, daß Johannes Thomasius, der in dieser Zeit sich in Leidenschaft verloren hat, in Irrtum und Wahn, der seine eigene geistige Höhe ganz verlassen hat, einen Menschen schaut, der seine Leidenschaft überwunden und sich zu geistiger Höhe emporgerungen hat. Es besteht also ein vollkommener Gegensatz zwischen dem Schauenden und dem Geschauten. – Die immer mächtigere Liebe, die in Johannes entsteht, läßt ihn fragen, wer wohl dieser Mann war, in welchem Verhältnis er selbst zu diesem Manne gestanden hat? Und ganz vage spekuliert er indem er sagt:

Ich war wohl dieses Mannes Schüler einst
Und blickte voll Bewundrung auf zu ihm.

Nun stellt Maria die Frage an Johannes, vielleicht stehe diese Seele jetzt nicht auf der gleichen geistigen Höhe wie damals.

Vielleicht ist dieser Mann von Leidenschaft,
Von Trieben aufgewühlt, und du erblicktest
Ihn jetzt mit tiefer Trauer und Bestürzung.

Aber Johannes will davon nichts hören, er weist es schroff von sich. Und damit greift der Hüter wieder in den Dialog ein. Er tritt gleichsam hervor, die Landschaft von Feuer und Wasser umgibt ihn. Denn der Blick ist im Lauschen auf den Dialog ja ganz auf diesen Greis gerichtet. Jetzt erst schauen wir wieder in die geistige Umgebung. Der Hüter spricht:

Johannes, was sich hier an diesem Orte
Jetzt offenbart, ist Prüfung deiner Seele.
In deines Wesens Untergründen schaue,
Was du nicht wissend willst und doch vermagst.
Was dir in deinen Tiefen sich verbarg,
So lange du mit blinder Seele lebtest:

In diesem Moment erscheint Lucifer. Die Selbsterkenntnis

des Johannes wird durch den Hüter in einer Weise aufgerufen, daß Lucifer um seine Macht bangen muß. Denn was Lucifer in der Seele des Johannes verhüllt hat, das zu erkennen, ruft der Hüter jetzt Johannes auf.

Was dir in deinen Tiefen sich verbarg,
So lange du mit blinder Seele lebtest:
Es wird vor dich nun treten und dir rauben
Die Finsternis, in deren Schutz du warst.
Erkenne, wer die Menschenseele ist,
Zu der du dich in heißer Liebe neigst,
Und die den Leib bewohnte, den du schaust.
Erkenne, wem du stärkste Liebe geben kannst.

Liebe ist in dir, heiße Liebe, sagt der Hüter. Wer ist denn das, dem deine allerstärkste Liebe gehört? Nun lenkt Lucifer von dieser Frage ab, indem er den Blick allein auf diese Liebe lenkt, auf das Gefühl, auf die Kräfte der Seele. Lucifer lenkt den Blick ganz auf das Sich-erleben in dieser Liebe.

Versenke dich in deines Wesens Gründe;
Erkenne deiner Seele starke Kräfte.
Und lerne wissen, wie dich starke Liebe
Im Weltenwerden aufrecht halten kann.

Johannes kann gar nicht anders, als seine blinde Leidenschaft, seine Liebe gerichtet zu denken auf die Seele der Theodora. Der Hüter spricht zu ihm:

Ich kann dir nicht verwehren, was du mußt.
Im Bilde sahst du schon das Seelenwesen,
Das du am meisten liebst; du sollst es schauen,
Wenn du die Schwelle überschritten hast.
Erkenn' es und erlebe, ob es dir
So heilsam bleiben darf, wie du erträumst.

Der Hüter gibt den Weg über die Schwelle frei. Da erscheint die Andre Philia und erhebt ihre Stimme wie eine Klage, die Johannes zurückhält.

O höre nicht den strengen Hüter,
Er führet dich in Lebensöden
Und raubet dir die Seelenwärme;
Er kann nur Geisteswesen schauen
Und kennt nicht Menschenleiden,
Die Seelen nur ertragen,
Wenn Erdenliebe sie bewahrt
Vor kalten Weltenweiten.
Die Strenge eignet ihm,
Die Milde fliehet ihn,
Und Wunscheskräfte,

Die hasset er
Seit Erdenurbeginn.

So sehen wir, wie Johannes in blinder Erkenntnisleidenschaft seinen Blick über die Schwelle richtet und doch durch die Worte der Andren Philia zurückschaut, sich wie ein Janushaupt erlebend. Zwiespalt ist seine innere Situation. Maria und der Hüter geleiten ihn in die geistige Welt der Selbsterkenntnis entgegen. Lucifer auf der einen und die Andre Philia auf der andern Seite ringen darum, seine Seele zurückzuwenden in die Blindheit. Damit schließt dieses Bild.

Das 8. Bild ist das Reich Ahrimans. «Dunkler schluchtartiger Raum, begrenzt von Gebirgen, die aus schwarzen Gesteinsmassen in phantastischen Formen aufgetürmt sind und überall Gerippe zeigen, die wie aus der Gebirgsmasse, aber weiß, herauskristallisieren.» Feuer und Wasser in dauernder Bewegung, unentwegt fortstürmend, bilden das vorige Bild. Das nächste läßt uns erstarren. Finsternis. Gestein. Kristallisierte Gerippe. Die Luft wird gleichsam eisig. Alles erstarrt in Konturen. – Vorerst soll die Szene betrachtet werden, die das Geschehnis des 7. Bildes fortsetzt. – Während die vorausgehenden Gestalten schlafend oder halb-bewußt das Reich Ahrimans betreten, bemerkt Rudolf Steiner von Maria und Thomasius, daß sie beide voll-bewußt sind, so daß sie alles, was vorgeht, hören und bewußt sprechen können. Thomasius spricht:

Maria, Schrecken sprüht von allen Seiten,
Er dichtet sich und preßt sich in mein Wesen; –
Wo find' ich Kraft zu innerm Widerstand.

Und Maria ruft ihm zu, ihre errungenen Kräfte ihm darreichend:

Mein heilig ernst Gelöbnis strahlet Kraft;
Und deine Seele kann den Druck ertragen,
Wenn du die Heileswirkung fühlen willst.

Ahriman tritt aus dem Hintergrunde hervor und erkennt Maria und Johannes als Schüler des Benedictus. Darum weiß er, daß es nichts nützt, wenn er sich verbirgt, denn sie werden ihn doch erkennen, sobald sie ihn erfühlen. Notgedrungen, der Erkenntniskraft der beiden sich beugend, tritt er hervor und spricht zu Thomasius. Licht wird er hier erhalten, sagt Ahriman, Wahrheit wird er finden. Aber so wird er die Wahrheit finden, wie er selbst, Ahriman, Wahrheit in sich trägt: verbunden mit Schmerzen, wie er sie seit Tausenden von Jahren schon erleidet. Von jeder Freude wird die Wahrheit sich trennen. Was als Wunsch in Johannes lebt, das wird hier erfrieren. Der Wunsch wird nicht in der Seelenwärme, wo er zu Hause ist, leben, sondern er wird leben in der Kälte. Das Feuer des vorigen Bildes ist verloschen. Es ist kaltes Licht geworden. Die Wasserströme sind zu Eis geworden. Dadurch kann sie der Blick festhalten. Die wahre Selbsterkenntnis des Johannes rückt immer näher. Wieder schickt Maria ihre starken Kräfte zu Johannes' Seele hinüber, mit Worten, die wir schon aus dem 2. Bilde kennen:

> Und in die ewig leeren Eisgefilde
> Darf ich den Freund geleiten, wo sich ihm
> Das Licht entringt, das Geister schaffen müssen,
> Wenn Finsternisse Lebenskräfte lähmen.
> Thomasius, erfühle deine Seelenmacht.

Und damit erscheint der Hüter der Schwelle in Ahrimans Reich, an der Seite Ahrimans, der ausruft:

> Der Hüter selbst, er muß das Licht dir bringen,
> Das du in dieser Zeit dir heiß ersehnst.

Aber noch hält Thomasius die Flamme seiner Leidenschaft, seines blinden Erkenntniswütens aufrecht und bestärkt sich in den Worten:

> Ich werde Theodora schauen können!

Der Hüter weist Johannes darauf hin, daß die stärkste Liebe, die jetzt in ihm verborgen lebt, auf jene Seele gerichtet ist, die er vor seiner Schwelle geschaut hat. Solange sie Bild war, das der Wunsch hervorrief, war Wahn möglich. Jetzt wird er die Wahrheit schauen. Und wen schaut Johannes? Er schaut sich selbst. Sein Schauen war Wahn. Seine Liebe ist Eigenliebe, Selbstliebe in leidenschaftlichster Stärke. Der Doppelgänger erscheint und tritt ganz nahe an Thomasius heran, indem er spricht:

> Erkenne mich – und schaue *dich* in mir.

Wie furchtbar und wie wunderbar ist diese dramatische Wendung! Die Selbsterkenntnis mußte für den jetzigen Johannes vernichtend sein. Die frühere Inkarnation, die sich ihm offenbart, wird ihm zugleich tragendes Fundament. Denn die Selbstüberwindung jenes Greises ruht in den geistigen Tiefen seiner Wesenheit selbst. Was ihn vernichtet – sein tiefer Fall in die Leidenschaft –, führt durch den Schicksalsgang zu seiner Erhebung, zu seiner Selbstüberwindung. All das schwingt zusammen in den mächtigen Worten Marias, die wir auch schon aus dem 2. Bilde kennen:

Und folgen darf ich *dir* in Weltengründe,
In denen Seelen sich das Götterfühlen
Erkämpfen, durch die Siege, die vernichten
Und von Vernichtung kühn das Sein ertrotzen.

Das Reich Ahrimans und das Begreifen von Maß und Zahl. Das 8. und 9. Bild

Um den Selbsterkenntnisweg des Johannes Thomasius im Zusammenhange verfolgen zu können, wurde der 3. Auftritt des 8. Bildes vorausgenommen. Was noch zu schildern bleibt, sind die beiden ersten Auftritte dieses Bildes. – Der erste Blick in dieses Bild zeigt «Ahriman an einem Abhang». Er ist allein auf der Bühne. Dann treten hinzu der Großmeister Hilarius und Friedrich Trautmann, der 2. Zeremonienmeister. Beide haben wir zuletzt im 2. Bilde erlebt. Thomasius hatte das harte Urteil über den Bund ausgesprochen, daß er sich selbst das Recht genommen habe, die Weihedienste zu leiten. Der Großmeister hatte daraufhin geantwortet:

> Ihr lieben Brüder, was begonnen ist,
> Es wird sich jetzt nicht weiterführen lassen.
> Wir müssen uns zum Orte hinbegeben,
> An dem der Geist uns seinen Willen kündet.

Mit diesen Worten verließen die Rosenkreuzer den Saal. Wir suchen sie am Orte, wo der Geist ihnen seinen Willen kündet und finden sie – wo? In Ahrimans Reich. Die ersten Worte spricht Friedrich Trautmann. Er empfindet das Grauenvolle dieses Reiches. Er bringt zum Ausdruck, daß er dieses Reich viele Male schon betreten hat. Viele Male schon haben die Brüder sich dort Weisung geholt. Dieser Gang in Ahrimans Reich ist nicht eine einmalige Angelegenheit. Es ist tatsächlich ein Ort, an dem der Geist immer wieder zu dem Bunde gesprochen hat. Seine Worte sind:

> Wie oft schon hab' ich dieses Reich betreten. –
> Und doch, wie grauenvoll erscheint es mir,
> Daß wir auch hier so oft uns Weisung holen
> Für manche Leistung, die als Bund uns wichtig
> Und die bedeutend ist für unsre Ziele.

So spricht dieser Mensch, dessen Lauterkeit, dessen innere Schulung zur Moralität, dessen tiefes Einssein mit der Willensseite des Geistesweges wir schon in seiner mittelalterlichen Inkarnation kennengelernt haben. Und wie spricht der Großmeister Hilarius? Dieser rätselvolle Mensch, der mit einer tief veranlagten Geistigkeit durch das Leben schreitet, mit unbeugsamem, ja selbstverständlichem Vertrauen in die geistigen Ziele der Menschheit, aus dieser Kraft jegliches Leid auf sich nehmend. Er antwortet:

Es muß das Samenkorn dem Tode erst verfallen,
Ehe Leben wiederkehrt.
An diesem Orte soll sich alles finden,
Was sich im Erdenleben abgebraucht;
Es wird zu neuem Sein hier umgewandelt. –
Wenn unser Bund die Keime pflanzen will
Für Menschentaten, die in Zukunft reifen,
So muß er Samen aus dem Toten holen.

Er erlebt dieses Reich ganz anders als der 2. Zeremonienmeister. Er empfindet nichts Grauenvolles. Er sieht etwas ganz Objektives. Er weiß, daß die Zukunftskeime des Bundes, wenn sie wirkliche Keime sein sollen, durch den Tod gehen müssen. Genau so, wie das Samenkorn in die winterliche Erde gelegt werden muß. – Es ist ganz objektiv: das konventionelle geistige Leben des Bundes ist abgebraucht, es muß umgewandelt werden. Darum gehört es an diesen Ort. Durch Hilarius' Seele geht etwas wie ein Treuestrom, der das geistige Ziel nie verläßt. Aber ist ein Bewußtsein in ihm, eine Erkenntnis, mit welchen geistigen Wesen er es real zu tun hat? In Friedrich Trautmanns Seele wühlt diese Frage weiter:

Unheimlich ist der Herr, der hier gebietet;
Und wahrlich, ständ' es nicht in unsren Schriften,
Die doch des Tempels beste Schätze sind,
Daß gut das Wesen, dem wir hier begegnen,
Man könt' es oft für böse wahrlich halten.

Die Sache wird also noch unheimlicher. Nicht nur die Meinung des Großmeisters ist es, daß Ahriman ein gutes Wesen ist, nein, auch die Schriften des Tempels sagen dies. Und Hilarius bestätigt diese Erkenntnis durch seine eigene Geistesschau:

Nicht Schriften nur, auch meine Geistesschau,
Sie sagt mir, daß es Gutes offenbart.

Die dramatische Situation ist doch die, daß Ahriman im Hintergrunde dieser Seelen steht und sie ihn nicht erkennen. Ist der Großmeister ganz einfach im Irrtum? Muß man erleben, daß der ganze Rosenkreuzer-Tempel von Ahriman beherrscht wird? – Jetzt spricht Ahriman «mit verstellter Stimme». Er spricht also so zu ihnen, daß die beiden seine Worte hören, ihn auch sehen, aber nicht erkennen.

Ich weiß, warum ihr hier nun wieder seid.

Auch Ahriman bestätigt, daß solche Gespräche schon oft stattgefunden haben. Entweder wir müssen unser Urteil über die «guten» Bundesbrüder revidieren oder dasjenige über Ahriman als «bösen» Geist. Wohin führt das Drama?

Ihr wollt die rechte Art bei mir ergründen,
Wie ihr die Menschenseele führen sollt,
Die öfter schon an eurer Schwelle stand.
Da ihr Thomasius verloren glaubt,
So scheint euch Strader nun der rechte Mensch,
Der für den Mystenbund euch dienen soll.

Im 5. Bilde hatten wir erlebt, wir Strader aufgefordert wurde, Schüler des Benedictus zu werden. Nur dadurch schien Rettung möglich für Thomasius und sein Werk. Auch die Rosenkreuzer haben dies erkannt.

Was er aus Kräften, die natürlich wirken,
Dem Menschenfortschritt hat erobern dürfen,
Er dankt es mir; denn ich gebiete da,
Wo Kräfte, die mechanisch brauchbar sind,
Aus Schöpferquellen Stärke sich erwerben.
So muß sich auch zu meinem Reiche wenden,
Was er der Menschheit wird noch schaffen können.

In Strader lernen wir nun einen Menschen kennen, der nicht nur sich Weisung an diesem Orte von diesem Wesen holt, sondern der dauernd die Kräfte von dieser Wesenheit empfängt, durch die er seinen Mechanismus, sein Lebenswerk hat schaffen können. Und darum werden nicht nur die Gedanken, sondern die Werke Straders Ahriman gehören. Und er fährt fort:

Doch will ich dieses Mal mir selbst besorgen,
Was künftig für den Mann geschehen soll,
Da ihr mir bei Thomasius Verlust
Aus eurem Wirken doch nur bringen könnt. –
Wenn ihr den Geistesmächten dienen wollt,
So werdet ihr erst noch erwerben müssen,
Was ihr in diesem Falle missen ließet.

Ahriman sagt also denen, die sich Weisung für ihr Handeln bei ihm holen, daß die Angelegenheit nicht zu seiner Zufriedenheit verlaufen ist. Und darum wird er sie diesmal selber in die Hand nehmen. Und mit diesen Worten wird Ahriman unsichtbar. – Friedrich Trautmann spricht nun «nach einer Pause, in welcher er sich in sich versenkt», daß ihn ein Kummer bedrücke, mit dem er nicht fertig werde. Er möchte innerlich dem Großmeister gehorsam sein, wie dies auch die Regeln des Bundes vorschreiben, und doch kann er es nicht, da das Leben immer wieder gezeigt hat, daß der Großmeister im Irrtum ist. Das Leben hat gezeigt, daß die Geistesschau des Großmeisters Täuschung war. Dieser Zwiespalt liegt wie ein schmerzlicher Alp auf der Seele des 2. Zeremonienmeisters. Und auch jetzt ist er sich auf das schärfste bewußt, daß der Geist, der unerkannt zu ihnen gesprochen hat, nicht ein guter Geist ist.

Auch dieses Mal ist euer Wort ein Irrtum.
Ihr konntet glauben, daß wir hier gewiß
Von diesem Geiste Gutes hören würden.

Aber durch all diese Unsicherheiten geht die Seele des Großmeisters mit einer Art schlafwandlerischer Sicherheit hindurch. Er geht seinen Weg:

Der Welten Wege sind nur schwer ergründlich;
Mein lieber Bruder, uns geziemt zu warten,
Bis uns der Geist die Richtung zeigen will,
Die unsrem Schaffen angemessen ist.

Die hohe Tugend des Hilarius liegt in seiner Treue, in seiner Kraft zu dulden. Nicht in seinem Bewußtsein.

Die beiden gehen nun ab und Ahriman tritt hervor und gibt sein Urteil über beide ab:

Sie sehen mich und kennen mich doch nicht;
Denn wüßten sie, wer hier Gebieter ist,
Sie wären, Weisung suchend, wahrlich nicht
Hierher gekommen; und die Menschenseele,
Von der sie hörten, sie besuche mich,
Verdammten sie zur langen Höllenpein.

Ahriman verhöhnt sie. Er verhöhnt die Schwäche ihres Bewußtseins, ihrer Erkenntnis. Er weiß, daß er sie dadurch brauchen kann. Er hat sie gebraucht, diese Mysterienstätte der Rosenkreuzer zu ihrem Ende zu führen. Die Rosenkreuzer hatten erkannt, daß ihre Mysterienstätte in der bisherigen Form an ein Ende kommen mußte. Sie sollte in einer anderen Form neu erstehen. Jetzt haben wir erlebt, welches geistige Wesen real wirkt in diesem Beenden.

Nun beginnt das mittlere Geschehen des 8. Bildes. «Es treten auf: die Personen, welche zu Anfang des ganzen Vorganges im Vorsaal des Mystenbundes versammelt waren, doch wird angedeutet, daß sie das Reich des Ahriman nur blind betreten. Was sie sprechen, sind Worte, die zwar in ihrer Seele leben, von denen sie aber doch nichts wissen. Sie erleben unbewußte Träume im Schlafe, die in Ahrimans Reich hörbar werden.» Man muß sich also vorstellen, daß es Nacht ist, daß diese Seelen im Bett liegen und schlafen. Was sie träumen, das bleibt vollkommen unter der Schwelle des Bewußtseins. Hilarius und Trautmann haben ein übersinnliches Schauen, ein Bewußtsein bis zu einem gewissen Grad. Aber das Bewußtsein führte nicht zur Erkenntnis der Wesenhaftigkeit dessen, was vor ihr Schauen hintritt. «Strader jedoch, der ebenfalls kommt, ist halbbewußt in bezug auf alles, was er erlebt, so daß er sich später wird daran erinnern können.» Straders Erlebnis ist mehr so, daß es wie Träume wirkt, an die man sich am Morgen erinnern kann. Nur viel stärker. Und erst Maria und Thomasius sind vollbewußt in diesem Reich. Was sie hören und was sie sprechen, geschieht bei vollem Bewußtsein. Der Prozeß des gesamten 8. Bildes ist also zunächst ein Eindämmern, ein Tiefschlaf, ein langsames Erwachen bis zu vollen Wachheit. Das Bild mündet ein in vollbewußte Selbsterkenntnis.

Während also die zwölf Personen des 1. Bildes das Reich Ahrimans betreten, betritt auch Strader dieses Reich. Er ist der Schüler des Benedictus geworden. Theodora hatte ihn durch den Mund des Capesius dazu aufgefordert; und dieser Aufforderung war er wortlos gefolgt. Die erste Frucht dieser Schulung unter der Führung des Benedictus ist sein Eintreten in Ahrimans Reich. Dieses Geisterleben vollzieht sich in ganz ähnlicher Art, wie sich das erste Geisterlebnis in Strader dargelebt hat. Wir erinnern uns, daß Strader den Geist in seiner Reinheit in jenem Moment erlebte, als Theodora das Schicksalswort zu ihm sprach. Aber das Bewußtsein dieses Geisterlebnisses trat erst nachher, als Erinnerung in ihm auf. Auch jetzt erlebt er es so, daß das Erlebnis in Ahrimans Reich erst in der Erinnerung, nachher, für ihn vollbewußt wird. Das wird im Dialog zwischen Ahriman und Strader klar ausgesprochen. Strader betritt dieses Reich mit tiefem Schrecken und Erstaunen. Den Anweisungen des Benedictus folgend erwartet er eine Lichtwelt, eine weisheiterfüllte Welt zu betreten. Nun findet er sich in diesem Totenreich. Sofort ringt seine Seele mit der Frage, die Hilarius und Trautmann nicht lösen konnten.

Er fragt:

Vor welchem Geiste steht denn meine Seele?

Ahriman antwortet ihm darauf so, daß Straders Eigenart des geistigen Erlebens klar zum Ausdruck kommt:

Erkenne ihn, wenn dir Erinnerung später
Zurück kann rufen, was du hier erlebst.

Und indem Strader die Seelen jener zwölf Menschen wahrnimmt, stellt er sofort die Frage nach dem Schicksal:

Und diese Menschen, warum find' ich sie
In deinem finstern Reich?

Darauf antwortet Ahriman nicht. Er beschreibt nur ihren Schlafzustand. Er bemerkt, daß diese Seelen nicht hören können, was er und Strader miteinander über sie sprechen. Auf die Schicksalsfrage aber antwortet Ahriman nicht!

Nun beginnen diese schlafenden Seelen sich auszusprechen. Aus ihren unterbewußten Tiefen steigen Worte auf. Ahriman prüft diese Seelen, inwiefern sie seinen Zielen dienen können. Er hält gleichsam eine Musterung ab. Und indem er die Eigenschaft, den Charakter dieser Seelen mit scharfen Worten umreißt, stellt er fest, welche Seelen er für sich brauchen kann und welche für seine Ziele nicht taugen. Diese zwölf Menschen haben nun ganz eigentümliche Namen. Zum Beispiel Luise Fürchtegott. Namen wie Johannes Thomasius, Maria, Capesius, Dr. Strader bezeichnen eine Individualität. Namen wie Luise Fürchtegott, Friedrich Geist, Michael Edelmann und so weiter bezeichnen aber seelische Eigenschaften, Charaktereigenschaften, die etwas Typisches haben. Ein Mensch wie Michael Edelmann ist eben dadurch charakterisiert, daß er ein Mann ist mit edlen Charaktereigenschaften. Er kann gleichsam gar nicht anders, als in seiner Handlungsweise edel zu sein. Ein Mensch mit dem Namen Friedrich Geist bringt Seelenkräfte zum Ausdruck, in denen Friedsamkeit waltet, Friedsamkeit, die dem Geist ergeben ist. Das ist die Prägung seiner Seele. Also eine typische Charaktereigenschaft kommt heraus, in der sich das Besondere, das Einseitige der Persönlichkeit darstellt. In diesen Namen liegt eine feine Nuance. Aber in dieser Nuance liegt eine Charakterisierung. Es ist ein Unterschied, ob jemand Dr. Strader heißt oder Friedrich Geist, ein Unterschied etwa, der in der Bezeichnung von Individualität und der Bezeichnung Charakter liegt. Charakteristisch ist auch, daß diese zwölf Menschen nicht als Einzelcharaktere auftreten – das tun sie erst im vierten Drama –, sondern in der Gemeinschaft von Zwölfen. Im vierten Drama erleben wir einzelne dieser Menschen als völlig unabhängige Individualität. Es wird darum dramatisch angedeutet, daß diese Menschen jetzt, im zweiten und dritten Drama, auf einer bestimmten Entwicklungsstufe gezeigt werden. Es wird von Rudolf Steiner nicht dramatisiert, daß hier «Typen» auftreten. Aber der Typus ist ein Durchgang für den Menschen auf dem Wege zur Individualität.

Wie charakterisiert sich nun das, was diese zwölf Menschen hier aus ihrem Schlafbewußtsein heraus sprechen, im Verhältnis zu dem, was sie im 1. Bilde aus ihrem Wachbewußtsein sagen? Luise Fürchtegott spricht, nachdem Felix Balde im 1. Bilde die Bedeutung des Entschlusses der Rosenkreuzer dargestellt hat, als ihre Meinung aus:

Ein Mensch, der seiner Seele Würde fühlt,
Der kann das eigne Urteil nur berufen,
Wenn er von Geist und Geisteswelten wissen
Und sich in ihnen wahrhaft finden will.
Sich selbst verlieren muß, wer äußrer Führung
In blindem Glauben sich ergeben kann.
Ja selbst das Licht, das man im eignen Innern
Als Kraft der höhern Weisheit fühlen möchte,
Verdient des Geistes Anerkennung nur,
Wenn seine Wahrheit sich beweisen läßt.
Gefährlich kann das Licht dem Menschen werden,
Wenn er beweislos ihm sich neigen will.
Denn allzuoft erscheint auf diesem Wege
Der Seele nur als Bild des Weltengrundes,
Was ihrem unbewußten Wunsch entspringt.

Diese Luise Fürchtegott will also in erster Linie einmal nur auf ihrem eigenen Urteil basieren. Das heißt, an das, was sie schon im Bewußtsein trägt, nicht das heranlassen, was aus geistigen Tiefen herandringen will. Das Geistige will sie auch nur durch Beweise gelten lassen, wie man Physisches eben beweisen kann. Und vor Bildern des geistigen Weltengrundes muß man sich hüten, denn man weiß nie, was aus unbewußtem Wunsch entspringt und was Wahrheit ist. Sie heißt also Luise Fürchtegott nicht darum, weil sie Gott fürchtet im Sinne der Ehrfurcht, sondern sie fürchtet Gott und das Göttliche, weil sie zu klein dazu ist, sich dem Gotte hinzugeben. Sie bleibt im Charakter Materialist. Aus Furcht. – Was spricht sie nun in ihren Träumen aus, im 8. Bilde?

Die Seele soll nicht, blind ergeben, glauben,
Daß sie in stolzer Kraft zum Licht sich heben
Und eignes Wesen voll entfalten könne.
Ich will nur anerkennen, was ich weiß.

Im Wachzustande spricht sie gleichsam «objektiv» über ihr Verhältnis zum Geist. Im Schlaf spricht sie «subjektiv». Sie fürchtet sich vor dem eigenen Wachstum. Sie will ein Knirps bleiben. Und ein Knirps bleibt man dadurch, daß man nur das anerkennt, was man ohnehin schon weiß. Nicht ins Licht der geistigen Welt will sie sich erheben und glaubt, daß sie sich in ihrem subjektiven Befangensein halten könne. Das gibt es aber nicht. In diesem luftleeren Raum ist keine Bleibe. Das charakterisiert Ahriman scharf und unerbittlich, indem er nur für Strader hörbar sagt:

Und weißt doch nicht, wie blind du selber dich
Mit deiner stolzen Kraft ins Dunkel führst.
Sie wird dir dienen, Strader, an dem Werk,
Das du aus meinen Kräften kühn errungen.
Sie braucht dazu nicht Glauben an den Geist,
Der ihrem Hochmut nicht geziemend scheint.

Ahriman erblickt in der Torheit dieser Seele gerade eine Kraft, die er für seine Pläne gebrauchen kann. Er verhöhnt diese Seele, indem er sie charakterisiert, aber er bucht sie für seine Zwecke.

Jetzt läßt Ahriman drei Seelen hintereinander ausreden, ohne sie durch seinen Kommentar zu unterbrechen. Alle drei Seelen erscheinen ihm ebenfalls für seine Zwecke brauchbar. Auch diese bucht er für sich. Was sind das für Seelen? Die erste, Friedrich Geist, spricht sich im 1. Bilde folgendermaßen aus:

Es sollte jeder Mensch den Trieb verspüren,
Der Mysten Wege wirklich zu verstehn.
Mir scheint, daß Wahn statt Wahrheit finden muß,
Wer schon, bevor er strebt, des Strebens Ziel
In seiner Seele vorgebildet hat.
Vom Mysten aber wird gesagt, daß er
Zu seinem Wahrheitsziele sich verhält
Wie Menschen, welche eines Fernblicks
 Schönheit
Von eines Berges Gipfel schauen wollen.
Sie warten, bis sie oben angelangt,
Und malen sich nicht vorher schon das Bild,
Zu dem sie ihre Wandrung führen soll.

Dieser Friedrich Geist ist vertraut mit den Regeln der Mystik. Er spricht hier wie von einer Lieblingsregel. Sie ist ihm sympathisch. Er sagt, jeder Mensch müsse den *Trieb* verspüren, die Wege der Mystik zu verstehen. Die Regel aber verlangt, sich keine Vorurteile zu bilden, sondern zu warten, was der Geist einem offenbaren will. Bei Capesius war das ganz anders. Er studierte in dem Lebensbuche des Benedictus zuerst die Gesetze der geistigen Welt, bevor er sie schauend erfuhr. Friedrich Geist will davon nichts wissen. Von der Schärfe und Tiefe eines Gedankenringens, eines Erkenntnisringens, wie es sich in Doktor Strader darstellt, ist er völlig unberührt. Er hat lediglich Sympathie, einen Trieb zum Geistigen hin. Die Harmlosigkeit dieses Strebens, die relative Oberflächlichkeit charakterisiert er im 8. Bilde, indem er träumend spricht:

> Die Mystenwege sind fürwahr verlockend;
> Es soll mir künftig nicht am Fleiße fehlen,
> Mich gründlich aller Weisheit hinzugeben,
> Die mir aus Tempelworten werden kann.

Der Mystenweg ist für ihn verlockend! Darum fühlt er sich aufgerufen, wie ein braver, fleißiger Schüler diese Wege zu betreten. Die Tiefen seiner Seele schlafen vollkommen. Sein Name gewinnt hier also eine neue Perspektive. Er ist geistig friedlich. Erkenntnisdurst macht aber geistig unfriedlich, ungemütlich.

Als nächste Seele spricht Michael Edelmann. Dieser hatte zu Anfang des 1. Bildes auf Worte Ferdinand Reineckes geantwortet. Es waren das kritische, mißtrauische Worte gegenüber dem Mystenbund. Michael Edelmann hat darauf wenig zu sagen. Aber er kennt einige dieser Mysten persönlich. Er weiß, daß das edle Menschen sind. Ihre Taten beweisen das. Über das Wissen dieser Mysten hat Michael Edelmann nichts zu sagen. Aber er sagt sich, wenn diese Menschen gut sind, so muß auch ihr Wissen gut sein. Er stützt sich auf die Autorität der Persönlichkeiten. Und daraus nimmt er sein Urteil über die Sache. Wie wenig das Gültigkeit hat gegenüber den Realitäten der Welt, hat gerade die Szene zwischen Ahriman, Hilarius und Trautmann gezeigt. Michael Edelmann begrenzt also aus einer Charakterneigung heraus seinen eigenen Standpunkt. Und damit begrenzt er sich selbst als Charakter. – Aus seinem Traumbewußtsein im 8. Bilde sagt er nun:

> Der Seele Wahrheitstriebe lenken mich
> Zum Geisteslicht; es wird die edle Lehre,
> Die jetzt so hell ins Menschenleben leuchtet,
> An mir gewiß den besten Schüler finden.

Ein Trieb lenkt ihn zum Geisteslicht. Die Lehre davon ist edel. Und weil er selber edel ist, so kann er gar nicht anders, als ein guter Schüler dieser Lehre zu werden. Wieder reicht das Erkenntnisstreben nur bis ins Gefühl hinein. Es reicht nicht in die Tiefe der Individualität hinunter.

Die dritte Seele ist jener Georg Wahrmund, der im 1. Bilde mit flammender Begeisterung für die Tat des Mystenbundes eintritt. Mit Feuer verteidigt er diese Tat gegenüber einer kritischen, abfälligen Meinung. Aus tiefer Seele fühlt er die Bedeutung des Augenblicks, wo der Gottesfunke der Mysterienstätte aus den geistigen Höhen in die Seele überspringen wird, die sich dieser Offenbarung hingeben will. Was sagt er im Schlafe?

> Ich war von allem tief ergriffen stets,
> Was mir von edler Mystik Geistesschätzen
> Aus mancher Quelle sich erschlossen hat;
> Aus vollem Herzen will ich weiterstreben.

Er trägt die Mystik tief im Gefühl, aber nicht tiefer. Aus vollem Herzen spricht er über die Mystik. Was sein Mund spricht, ist vollkommen wahr durch die Tiefe seines Empfindens. So tief sein Empfinden ist, so schlafen die Tiefen seines Wesens doch noch. – Alle drei Seelen haben das gemeinsam, daß sie in einer edlen, sympathischen, voll gemüthaften Weise das Geistige ergreifen. Aber Ahriman schaut tief und scharf:

> Sie meinen's gut; doch sitzt ihr Streben nur
> In obern Schichten ihres Seelenlebens.
> So werde ich, was sie in Geistesgründen
> An großen Schätzen unbewußt noch bergen,
> Für lange Zeiten kräftig nutzen können.
> Auch sie erscheinen brauchbar meinem Ziel,
> Das Straders Werk im Menschen-Erdenleben
> In glänzend stolzer Art entfalten will.

Gerade das, was diese drei Seelen nicht im vollen tiefen Sinne Individualität werden läßt, weshalb man sie wie leise typisiert empfinden muß, gerade das, was von der tieferen Individualität noch schläft, gerade das kann Ahriman für sich ungestört benutzen. Und zwar nutzen für den Mechanismus Straders.

Nun spricht die Seele der Maria Treufels. Wir kennen sie im ersten Drama als die andre Maria und in der Rückschau auf das Mittelalter als Berta, die Tochter der Kühnes. Im ersten Drama ist sie die Gestalt, in der sich die Lebenskräfte durch die Geisteswissenschaft wie von selbst erneuern. Thomasius schaut sie deswegen in seiner Imagination als Kraft der Liebe, wie sie unmittelbar aus der Natur hervorgeht. Im 1. Bilde des dritten Dramas äußert sie sich über die

Rosenkreuzer so, daß sie ihnen wenig Bedeutung beimißt. Für sie ist Strader ein Ideal. Sie sucht nicht Erkenntnis, sondern sie hat ein Gespür dafür, wie man dem *Leben* fruchtbar dient. Sie hat Lebenssinn. Das spricht sie im 8. Bilde träumend aus:

> Gesunder Lebenssinn wird aus sich selbst
> Der Seele auch die Geistesfrüchte bringen,
> Wenn Menschen Ehrfurcht vor dem Weltenall
> Mit klarem Blick in Wirklichkeiten einen.

Sie reicht mit ihrem Wesen in viel größere Tiefen als die vorangehenden Seelen, bei denen die Berührung mit der Mystik, mit dem Geiste nur durch den Verstand oder das Gefühl sich vollzieht. Bei ihr ist der Blick in die Tageswirklichkeit mehr träumend, mehr verschwommen. So charakterisiert Ahriman sie mit den Worten:

> Die spricht im Traume von der Wirklichkeit;
> Sie träumt wohl um so besser, wenn sie wacht.
> So wird sie mir jetzt schlechte Dienste leisten;
> Vielleicht in ihrem nächsten Leben bess're;
> Doch wird sie dann als Okkultist erscheinen
> Und nach Bedarf den Menschen ihre Leben
> Bis zu den Erdenurbeginnen sagen.
> Doch wird sie kaum die Treue richtig schätzen;
> Im frühern Leben schalt sie Strader böse
> Und jetzt belobt sie ihn; das ändert sich.
> An ihr wird Lucifer sich mehr erfreuen.»

Die kann Ahriman nicht brauchen. Die gibt er ab. Diejenigen Seelen, die Ahriman nicht brauchen kann, die gibt er an Lucifer ab. – Interessant ist, daß Ahriman von dieser Gestalt, die Treufels heißt, sagt, daß sie die Treue nicht richtig zu schätzen wisse. Im vierten Drama zeigt sich allerdings, wie treu sie dem Wesen Straders ist und wie getreu sie auch sein Wesen aus ihrem Wesen heraus zu fassen und zu schildern vermag. Aber sie ist eben treu wie ein Fels, das heißt, ohne Bewußtsein. Und darum kann sich ihre Treue ändern, je nachdem, wie der Lebenssinn sie führt.

So werden diese zwölf Charaktere uns dramatisch nahegebracht, indem wir sie zuerst im Wachen und dann im Tiefschlaf sich aussprechen hören. – Jetzt treten zwei Seelen auf mit den Namen Franziska Demut und Katharina Ratsam. Die Namen haben etwas an sich, daß man sie nicht mit vollem Ernst eigentlich aufnimmt. Es ist immer so etwas wie ein leises Lächeln um diese Namen. Etwas von

Ahrimans Spottnuance haftet ihnen an. So sehr diese Namen auf der andern Seite ganz ernst zu nehmende Charaktereigenschaften schildern. Aber das leise Verzeichnete, was die Namen auch in sich bergen, das deutet gerade darauf, daß die voll ernst zu nehmende, tiefere Individualität noch nicht erwacht ist. Sie ist noch nicht im Namen wirklich anwesend. Auch diese beiden hält Ahriman für tauglich, seinen Zielen zu dienen. Die folgenden vier Gestalten, Bernhard Redlich, Hermine Hauser, Caspar Stürmer, Marie Kühne, die schiebt Ahriman an Lucifer ab. Er weiß mit ihnen nichts anzufangen. Damit hat er also fünf Gestalten an Lucifer abgetreten und behält sechs für sich. Nun kommt der letzte der zwölf Charaktere an die Reihe, Ferdinand Reinecke. Er ist der hauptsächliche Kritiker und Rebell gegen den Mystenbund. Er spricht sich folgendermaßen aus:

> Wer Weltenrätsel recht begreifen will,
> Der warte, bis Verstand und rechter Sinn
> Sich seinem Leben durch sich selbst erschließen.
> Und wer im Dasein sich zurecht will finden,
> Ergreife, was ihm nutzt und Freude macht.
> Erst über alles Weisheitslehren suchen
> Und hohe Ziele schwachen Menschen geben,
> Das führt auf dieser Erde doch zu nichts.

Das ist der vielgewandte Egoist, gescheit, blitzschnell in seiner Reaktion, aber immer aus der Perspektive des eigenen Nutzens, des eigenen Vergnügens. Im Denken eiskalt und heiß in allen egoistischen Trieben. Sein Seelenleben bleibt banal. Darum kann er mit allem Okkulten nichts anfangen. Das heißt aber, auf ihn selber angewandt, daß auch seine eigenen geistigen Kräfte in vollkommenem Tiefschlafe bestehen. Ahriman spricht über ihn:

> Der ist zum Philosophen auserkoren,
> Er wird es auch im nächsten Leben sein –.
> Mit diesem gleich' ich nur die Rechnung aus.

Von diesem sagt Ahriman also, daß er eigentlich sowohl Lucifer, wie auch ihm zugehören könne. Aber mit einem muß die Rechnung ausgeglichen werden. Den schiebt man dahin, wie das Ganze der Rechnung es verlangt. Wie Ahriman rechnet, das erläutert er Strader jetzt:

> Von zwölfen brauch' ich sieben stets für mich
> Und gebe fünf dem Bruder Lucifer.

Die brüderliche Rechnung zwischen den beiden besteht also darin, daß Ahriman für sich den größeren Anteil behält und seinem Bruder den kleineren Anteil gibt. 7:5 ist die Rechnung, wenn sie ausgeglichen sein soll. Dieses Zahlengeheimnis haben wir schon einmal durchlebt: im 6. Bilde auf musikalisch-tänzerische Art, im Tanz der luciferischen und ahrimanischen Gedankenwesen. Was aber macht Ahriman mit dieser Rechnung? Wie bildet er sein Machtsystem aus? Er sagt:

Von Zeit zu Zeit betrachte ich die Menschen
Und forsche, wie sie sind und was sie können.
Und hab' ich mir erst zwölfe ausgewählt,
Dann brauche ich nicht länger noch zu suchen.
Denn komme ich im Zählen an den dreizehnten,
So gleicht er doch dem ersten ganz ersichtlich.
Wenn ich die zwölfe dann in mein Gebiet
Durch ihre Seelenart mir holen kann,
So müssen ihnen doch auch andre folgen.

Solange die Menschen also ein Typisches an sich haben, daß zwölf ein Dutzend ausmachen, daß der dreizehnte einfach nur der erste des nächsten Dutzends ist, solange hat Ahriman Gewalt über die Menschen. Dies aber sind Menschen, die zu sich selbst, zu ihrer tieferen Eigenwesenheit noch gar nicht erwacht sind. Sie haben sich selbst noch nicht als Wirklichkeit ergriffen. Sie träumen noch in bezug auf die Wirklichkeit ihrer Ichheit. Rudolf Steiner hat also hier nicht typische Charaktere dramatisiert, die in sich abgeschlossen sind, sondern Menschen, die auf einer bestimmten Stufe stehen. Auf dieser Stufe sind sie in Gefahr, Werkzeuge Ahrimans oder Lucifers zu sein. Hier ist auch die Klippe für Ahriman in seiner Rechnung. Über dies Geheimnis spricht er jetzt so, daß er Strader die Ohren dabei zuhält. Seine geheimsten Gedanken, die läßt er ihn nicht wissen:

Bis jetzt ist mir ja nichts davon gelungen,
Die Erde wollte sich mir nicht ergeben.
Doch will ich streben durch die Ewigkeiten,
Bis mir der Sieg – vielleicht gelingen wird.
Was nicht verloren ist, das soll man nutzen.

Jetzt gibt er Strader die Ohren wieder frei und spricht weiter zu ihm:

Du siehst, ich mache schöne Worte nicht,
Gefallen will ich Menschen wahrlich nicht.
Wer sich durch wohlgesetzte Reden will
Begeisterung für seine Ziele holen,
Der muß zu andren Welten sich begeben.

Dafür muß man sich zu den Welten Lucifers begeben, Ahriman verhöhnt das nur.

Wer aber mit Vernunft und Wahrheitssinn
Die Dinge sieht, die hier durch mich geschehn,
Der kann erkennen, daß bei mir sich finden
Die Kräfte, ohne welche Menschenkinder
Sich doch im Erdensein verlieren müssen.

Was Ahriman hier ausspricht, das haben wir von ihm schon im 6. Bilde gehört. Da sprach er von der starken Kraft, die aber Furcht wird.

Es brauchen selbst die Götterwelten mich;
Denn sie entführen mir die Seelen erst,
Wenn ich in deren Gründen mich betätigt.
Gelingt es meinen Gegnern dann, die Menschen
Zum Glauben zu verführen, daß mein Sein
Im Weltenall entbehrlich sich erweise,
Dann träumen Seelen wohl von hohen Welten,
Doch starke Kraft versiegt im Erdenwerden.

Das alles hat Ahriman an diesen Seelen, die träumend, schlafend seine Welt betreten haben, gerade demonstriert. Das erscheint einleuchtend, realistisch.

Wie erlebt Strader das, der halbbewußt durch dieses Reich geht, der seine ganze Kraft aufrufen muß, Ahriman, dem gefallenen Gott, zu antworten? Strader ist sich bewußt, daß Ahriman seine Kräfte für sich gebrauchen möchte. Er erkennt Ahriman. Und was er gesagt hat, das muß der Vernunft einleuchten. Wenn Strader seine Vernunft befragt, so muß er Ahriman recht geben. Ja nicht nur das:

Gestehen muß ich mir, daß gut mich dünkt,
Was du den Menschenseelen geben willst.
Sie können ja durch dich an Stärke nur
Im Guten sich bereichern und an Schlechtem
Gewinnen nur, wenn sie schon früher schlecht.
Es müßten deinen Spott die Menschen selber
Aus tiefstem Herzen über sich verhängen,
Wenn sie nur besser sich erkennen könnten.

Auch der Großmeister sagte, daß Gutes von diesem von ihm unerkannten Wesen ausgeht. Aber Trautmann widersprach dem: Er fühlte das Böse, das Unheimliche, was von dem unsichtbaren Ahriman ausging. Auch Strader muß die Berechtigung von Ahrimans Wesen anerkennen. Aber nun geschieht etwas in seiner Seele, das bei den anderen beiden nicht geschieht. Plötzlich wird ihm bewußt, daß, was sich hier als Gutes erweist im Geistgebiet Ahrimans, sich auf der Erde anders verhalten muß. Blitzartig wird seine Seele wach dafür, in welchem Zusammenhang seine Worte, seine Erkenntnis steht.

> Doch was entringt sich meiner Seele hier;
> Ich spreche Worte, welche mich vernichten,
> Sobald ich sie auf Erden richtig finde.
> ...
> Du *mußt* so denken, ich vermag nicht anders
> Als wahr zu finden, was du eben sprachst;
> Doch Wahrheit ist es nur an diesem Ort;
> Und Irrtum wird es für die Erdenwelt,
> Bezeugt es dort sich, wie es hier erscheint.

Für Hilarius ist Ahrimans Reich der Ort, an dem der Geist zu ihm spricht. Und was der Geist zu ihm spricht, das trägt er so, wie es ist, als Weisung in die Erdenwelt hinüber. Danach richtet er das Leben des Tempels ein. Trautmann fühlt wohl die Unmöglichkeit der Sache, kann sie aber nicht durchdringen. Strader erfaßt blitzartig, daß die Wahrheit hier nicht Gültigkeit hat für die Erdenwelt. Ja, er erlebt vor allem, daß das Denken selbst hier ein anderes sein muß als auf der Erde, im physischen Leibe. In Strader ist die Logik, die unerbittliche Konsequenz des Erdendenkens, innerste Moralität geworden. Die Logik ist – wie wir es im 4. Bilde des zweiten Dramas erlebt haben – bis in seine tiefsten Willenstiefen eingedrungen. Und diese Erkenntniskraft läßt ihn jetzt weiterschreiten.

> Ich darf mit meinem Menschendenken hier
> Nicht weiter ... das ist jetzt an seinem Ende –.

Er ist jetzt an den Grenzen der Erkenntnis angekommen. In Ahrimans Reich findet er diese Schwelle. Die frühere Sinnes- und Verstandesgrenze der Erkenntnis hat sich erweitert bis in das Geistgebiet Ahrimans. Was aber führt Strader nun weiter über diese Schwelle hinaus? Wenn das Denken hier zum Stillstand gekommen ist, mit welcher Seelenkraft kann er denn vorwärtsdringen, um zu bestehen? Was wird Erkenntniskraft?

> In deinen rauhen Worten klinget Schmerz
> Aus dir; und Schmerz sind sie in mir auch selber.
> ...
> Ich kann, – betracht' ich dich – nur – klagen, weinen.

Mit der Kraft des Mitleids dringt Strader vorwärts. Nicht durch Denken kann er den Geist erfassen, von dessen starker Kraft Furcht sich ausbreitet. Nur durch Mitleid kann er diesen Geist erfassen.

Es gibt zwei Kämpfe, die in voller Rüstung durchgeführt werden. Ein solcher vollgerüsteter Zweikampf ist Marias Auseinandersetzung mit Ahriman im zweiten Drama. Den Kampf Straders mit Ahriman möchte man vergleichen mit einem Zweikampf, wo alle Waffen weggeworfen werden und die Kämpfenden sich mit bloßen Armen umfassen. Sie ringen miteinander allein durch ihre eigene Stärke. So ringt hier der Mensch mit dem gefallenen Gott von Seele zu Seele, von Geist zu Geist. – Johannes hatte die furchterregende Erkenntnis ausgesprochen: «Ich werde Ahriman dann lieben müssen.» Strader erkennt Ahriman durch Mitleid. Er dringt in sein Wesen ein, ohne davon betäubt zu werden. Und danach folgt nun die Selbsterkenntnis-Szene des Johannes Thomasius an der Seite Marias vor Ahriman und dem Hüter der Schwelle. Sie wurde im letzten Vortrag geschildert.

Das 9. Bild spielt in einer freundlich-sonnigen Morgenlandschaft, im Hintergrunde eine Stadt mit vielen Fabrikgebäuden. In diesem Bilde finden drei Gespräche statt. Nach den Kämpfen in kosmischen Bereichen waltet über dieser Szene der Friede des Sich-menschlich-Findens. Capesius, Strader und Johannes erkennen sich in ihrer Wesenseigenart und in ihrem Schicksalszusammenhang. In dem Schicksalszusammenhang waltet die Harmonie des Kosmos durch die Zahl.

Zunächst betritt Capesius alleine die Bühne. Seine Worte charakterisieren den Gegensatz der wunderbaren Landschaft in der Morgensonne mit der Industriestadt. Hier, in der reinen Natur, finden oftmals die Gespräche zwischen Benedictus und seinen Schülern statt. Diese Gespräche brauchen den freien, reinen Hintergrund der Natur. Die andere Sphäre, die dann im vierten Drama näherrückt, wird mit den Worten charakterisiert:

> Im öden Häusermeere dieser Stadt
> Ist Benedcitus gütig stets bemüht,
> Durch Liebestaten Menschenleid zu lindern.

Capesius ist wieder vollkommen genesen. Was im 6. Bilde geschah, hat ihn wieder sich selbst zurückgegeben. Er spricht es aus:

> Als ich in meiner Seele Einkehr hielt,
> Nachdem ich eure Worte wesenhaft
> In Geisteswelten habe hören können

Und ihr mich wieder zu mir selbst gebracht:
Da durfte ich im Geisteslichte schauen
Die Ziele, welchen meine spätern Leben
Im Lauf des Erdendaseins dienen sollen.

Nun kann Benedictus das Geheimnis des Schicksalsknotens zwischen Thomasius, Strader und Capesius auflösen:

Thomasius und Strader, sie vermögen,
Vereint mit dir, in Zukunft viel zu schaffen,
Was Menschenheil im rechten Sinne fördert.
Die Seelenkräfte, welche sie besitzen,
Sie haben seit dem Erdenurbeginn
In solcher Art sich wirksam vorbereitet,
Daß sie im Weltenlauf mit deinem Geiste
Sich kraftvoll jetzt zur Dreiheit schließen können.

Eine Schicksalsführung seit dem Erdenurbeginn findet jetzt ihre Erfüllung. Sie trägt sich aus durch Maß und Zahl: durch die *Dreiheit*.

Ganz anders stellt sich das Erwachen aus dem geistigen Erlebnis bei Strader dar. Aus dem Zustande des dumpfen Halbbewußtseins kommt er zu sich im Erlebnis eines furchtbaren, niederdrückenden Schmerzes. Und aus der Tiefe dieses Schmerzes erhebt sich die Erinnerung an alles, was er in Ahrimans Reich erlebt hat. Die Grenze, über die er zeitlich zurückschaut, ist das Erlebnis vom Stillstand des Denkens. – Erinnern wir uns, daß auch bei Maria und Johannes das geistige Erlebnis des Schauens aus dem Schmerz geboren wurde. Das Eindringen in die geistige Welt und das Zurückschauen auf ein vergangenes Leben riefen in Capesius Schmerzen auf, die ihn besinnungslos machten. Straders Schmerzen sind die Schmerzen des Geistes selbst, der vor seiner Seele stand: Mitleid war sein Erkenntnisorgan. Ahriman selbst sagt von sich, daß er Schmerzen seit manchen Tausend Jahren leide. Für Maria und Johannes stieg der Schmerz aus dem Schicksalsband auf, das ihnen verborgen war. Capesius erfuhr Schmerzen durch persönliche Schuld. Straders Schmerzen sind die Schmerzen des Geistes, den er erfahren hat. – Seine Frage an Benedictus aber muß sein:

Und fragen mußt' ich mich, warum versetzte
Mich Benedictus' Wort in dieses Reich,
Wo mit den Seelen nur gerechnet wird
Und jede nur gewertet, wie sie sich
Den Zielen fügen soll, welche jene Macht
Aus meiner Leistung sich gestalten will.

Sie wollte aus der Menschen Zahl sich zwölf
Zu ihrem Werke weisheitsvoll erwählen.

Benedictus antwortet zunächst nicht auf diese Frage, er stellt eine neue. Er fragt Strader, ob ihm seine Beziehung zu den zwölf Menschen in Ahrimans Reich deutlich geworden sei. Wir erfahren, daß Strader im Erleben dieser zwölf Seelen zugleich alles das bewußt geworden ist, was Capesius, Johannes und Maria im zweiten Drama im Erschauen des mittelalterlichen Lebens erfahren haben. Strader kennt nun sein Schicksal, das die zwölf Bauern mit ihm verknüpft hat und ihn nun in Zusammenhang mit diesen zwölf Menschen im 1. Bilde gebracht hat. Er fühlt, daß Ahriman dieses Schicksalsband benutzen will. – Jetzt erst gibt Benedictus eine Antwort auf die Frage Straders:

Die Weltenmächte lenken ihre Taten,
Daß sie, nach Maß und Zahl gerecht, sich stets
Dem Weltenwerden weisheitvoll vereinen.
Das Zeichen, wie die Ordnung sich vollzieht,
Es weist den äußern Sinnen sich mit Klarheit,
Wenn sie der Sonne folgen in dem Lauf,
Den sie durch zwölf Gestirngestalten nimmt.
Wie *sie* zu diesen Formen sich verhält,
Das zeigt, wie auf der Erde sich die Dinge
In langer Zeiten Folgelauf ereignen.
So wollte Ahriman die Menschenseelen,
Die dir verbunden, zu den Kräften formen,
Aus welchen deine Arbeit leuchten kann.
Er wollte nach dem Maße und der Zahl
An ihre Seelenart die deine binden.

Benedictus offenbart mit diesen Worten hinter der Rechnung Ahrimans den Goldgrund der Zwölfheit des Tierkreises. Damit aber wird das Wirken der guten Götter durch das ahrimanische Wirken hindurch sichtbar. Strader antwortet:

Da ich den Sinn von Zahl und Maß erkannt,
So wird mir auch gelingen, meine Leistung
Aus Ahrimans Bereich herauszuführen
Und Erdengöttern wirksam darzubringen.

Mit diesen Worten hat Strader selbst nun die Frage beantwortet, die er am Anfang an Benedictus stellte. Wäre Strader unmittelbar in eine Lichtwelt der guten Götter eingetreten, so wäre sein Verhältnis zu ihnen ein Erkenntnisverhältnis geworden. Was er aber jetzt beschreibt, ist ein Willensverhältnis zu den Erdengöttern. Es entsteht erst im

Kampf mit der ahrimanischen Welt. Das aber entspricht seiner Willensnatur. Dies beantwortet Benedictus nicht, er bestätigt es ihm nur:

Du hast der Zahlen Sinn im Weltenall
Durch Ahrimans Gewalt erkennen müssen;
So war es *deiner* Seelenrichtung nötig.
Die Geistesschülerschaft, sie führte dich
In dieses Reich, das du erkennen mußtest,
Soll deine Schaffenskraft dir recht erblühn.

Seine Willenskraft, seine Schaffenskraft, sie erblühen aus dem Miterleiden des Schmerzes der ahrimanischen Gewalt. Die Ordnung seines Schicksals nach dieser Richtung drückt sich durch die kosmische Zahl *Zwölf* aus, das Schicksal zu den zwölf Menschen, unter denen er der dreizehnte ist.

Maria, im Gespräch mit Johannes, spricht nun, die ganze Szene abrundend, aus, daß jedes geistige Willensverhältnis zur Welt, jedes Schaffen des Menschen das Wirken der Götter nachahmen muß. Die Götter verfahren nach Maß und Zahl, sobald sie zum Schaffen übergehen. Auch der Mensch kann nur wirksam in der Welt werden nach den Gesetzen von Maß und Zahl:

Wer sich dem Menschenwerden wirksam widmen
Und Werke leisten will, die wesenhaft
Als Kräfte sich im Zeitverlauf verhalten,
Der muß den Mächten sich erst anvertrauen,
Die tief in Wirklichkeiten Maß und Zahl
In Ordnung und in Wirrnis kämpfend bringen.

Für Capesius ist die Drei zur Schicksalszahl geworden. Strader steht inmitten der Zwölf. Thomasius steht sich selbst als Zweiheit gegenüber.

So ist mein Lebenslauf mir vorgezeichnet.
Als Zweiheit muß ich fühlen, was ich bin.

Den geistigen Menschen in ihm haben Benedictus und Maria gebildet. Er selbst, wie er sich an das Blut gebunden fühlt, in seiner Leidenschaft, in seiner Künstlersehnsucht, steht nicht auf der Höhe jenes geistigen Menschen. Um geistig wirken zu können, müssen diese beiden Wesen in ihm getrennte Wege gehen. Es stört der eine, was der andere braucht. In diesem Zwiespalt, in dieser ungeheuerlichen Spannung, bewegt sich die Seele des Thomasius. Hieraus sind die Worte der Maria zu verstehen, mit denen sie die Szene beschließt:

Ob du in Wahrheit oder Irrtum wandelst,
Du kannst die Aussicht dir stets offen halten,

Die deine Seele weiter dringen läßt,
Wenn du Notwendigkeiten mutig trägst,
Die aus des Geistesreiches Wesen stammen.

Aus den kosmischen Dimensionen hat diese Szene in die menschliche Seele zurückgeführt. Es sind Gespräche beim steigenden Sonnenlicht über der physischen Welt. Aber das Fühlen der Seele ist im Erwachen verwandelt. Ein Götterfühlen ist ertrotzt worden, mit den Worten Marias gesagt. Das Gefühl ist durchklungen von Maß und Zahl der kosmischen Welt. Man kann in dieser Szene selbst als Zuschauer das Gefühl haben, das man nach dem Verklingen einer gewaltigen Symphonie hat. Der Sphärenklang ist verstummt. Aus der Stille aber erlebt sich das voll ergriffene Gefühl wie durchlichtet und geordnet. Denn Musik ist ja ein Fühlen der Seele in Zahlen- und Maßverhältnissen. So etwas geschieht hier auf höherer Bewußtseinsebene, indem das geistig Erfahrene erinnert und erkannt wird. Das bringt Maria durch ihre Worte zu Johannes zum Ausdruck:

In Wahrheit ist Erkenntnis Leben nur,
Das in den Seelen offenbar kann werden,
Wenn sie Erlebtes aus den Geistbereichen
In Erdenleibern zur Erinnerung bringen.

Das Wirken der Menschengemeinschaft durch Maß und Zahl. Das 10. Bild des Rosenkreuzertempels.

Maß und Zahl ist die Ordnung, in welche das Wirken der Menschen im dritten Mysteriendrama einmündet. Auch die Götter wirken durch Maß und Zahl. Und so formen sich auch die Schicksalsverhältnisse nach Maß und Zahl. Indem die Seele aber mit diesen Gesetzmäßigkeiten eins wird, verwandelt sich Menschenfühlen in Götterfühlen. So spannt sich in Worten Marias der Bogen des gesamten Dramas. Zu Beginn desselben, im 2. Bild spricht sie:

> Johannes, die Gefährtin deiner Seele,
> Sie darf an deiner Seite wieder stehn,
> Und folgen darf sie dir in Weltengründe,
> In denen Seelen sich das Götterfühlen
> Erkämpfen durch die Siege, die vernichten
> Und von Vernichtung kühn das Sein ertrotzen.

Das Ziel des dramatischen Weges spricht Maria aus mit den Worten im 9. Bilde:

> Wer sich dem Menschenwerden wirksam widmen
> Und Werke leisten will, die wesenhaft
> Als Kräfte sich im Zeitverlauf verhalten,
> Der muß den Mächten sich erst anvertrauen,
> Die tief in Wirklichkeiten Maß und Zahl
> In Ordnung und in Wirrnis kämpfend bringen.

Die Schicksalsexposition dieses Dramas hat sich durch das 2., 3., 4., 5. Bild zwischen den Hauptcharakteren folgendermaßen gebildet: Thomasius hat in seinem Werk ein neues Erkenntnislicht geschaffen. Die Morgensonne einer neuen Erkenntnis erhebt sich. Aber Thomasius stürzt. Die Sonne droht unterzugehen. Aus diesem Sonnenuntergang, aus der drohenden Nacht, tritt Strader in die Katastrophe hinein, er tritt ihr gleichsam entgegen, um Thomasius und sein Werk zu retten. Capesius weilt mit seiner Seele in den geistigen Höhen des Reiches Lucifers. Er schaut den Angriff Lucifers auf Theodora und Johannes Thomasius. Er überschaut damit, welches Karma sich zwischen Johannes und Strader bildet. Capesius ist begleitet von Maria. Nur durch Marias Kraft und Stütze kann Capesius den Weg zur Erdenverkörperung, der er zeitweilig entflohen ist, zurückfinden. Das heißt für Capesius aber, zu seinem Erden-Ich, zu seinem wahren Ich zurückzufinden. Das kann er dadurch, daß er das Mysterium der Weisheit und das Mysterium der Liebe, die Wirksamkeit Lucifers in aller Weisheit und das Wirken des Christus in aller Liebe erkennen gelernt hat. Das aber erkennt er durch Maria. Maria gibt Capesius in seinen «Seelengründen» die «Stütze», die Christusliebe in sich zu erkraften. Das führt zu seiner Genesung. Diese Tat Marias führt aber auch wieder zur Befreiung von Johannes. – So also verschlingt sich die Schicksalsexposition von Johannes, Capesius, Strader und Maria. Wie sich diese Schicksalsbeziehung aus der Exposition heraus durch die Katastrophen hindurch für diese vier Charaktere gebildet hat, stellt das letzte Bild dar.

Das 10. Bild stellt den inneren Tempel des Mystenbundes der Rosenkreuzer dar. Das dritte Drama führt also aus dem Vorhof dieses Tempels in sein Inneres hinein. Und was wir zwischen dem 1. und diesem letzten Bilde durchlebt haben, das war das Überschreiten der Schwelle aus dem Vorhof ins Innere des Mysteriums. Im Tempelinneren finden sich drei Altäre: an ihnen stehen im Osten Benedictus und Hilarius, im Süden Bellicosus und Torquatus, im Westen Trautmann. Zunächst findet eine Art Prolog statt im Gespräch zwischen Benedictus und Hilarius, den geistigen Führern der alten und der neuen Zeit:

> Es haben meine Schüler ihren Seelen
> Das Geisteslicht in jener Art erschlossen,
> Die ihrem Schicksal angemessen ist.

Benedictus weist darauf hin, daß der Einweihungsweg seiner Schüler auf ganz persönliche Weise gegangen worden ist. Das individuelle Schicksal führt bei ihnen in die geistige Welt hinein. Die Mysten der alten Zeit haben ihr Amt so verwaltet, daß sie gleichsam zeichenhaft für das Urbild der geistigen Kraft an ihrem Orte stehen und handeln. Ihr Urbild reicht in die geistige Verantwortung hinein, aber noch nicht der individuelle Schicksalsweg, die individuelle Fähigkeit des Sehers. Ein Typisches wird abgelöst durch ein Individuelles.

> Sie sollen, was sie sich errungen haben,
> Ein jeder für den andern fruchtbar machen.

Damit weist Benedictus auf den Zustand hin, in den der Erkenntnisweg seiner Schüler nun eingetreten ist: in die Wirksamkeit. Erkenntnis geht jetzt in den Willen über.

Und damit beginnt ein soziales Element. Das soziale Element wird Karma.

Es kann dies nur geschehn, wenn ihre Kräfte
Am Weiheort, nach Maß und Zahl geordnet,
Sich zu der höhern Einheit binden wollen,
Die erst zum wahren Leben wecken kann,
Was einzeln nur im Sein verbleiben muß.
Sie stehen an des Weihetempels Schwelle.
Es sollen ihre Seelen sich vereinen
Und nach den Regeln, die verzeichnet sind
Im Weltenschicksalsbuch, zusammenklingen, –
Daß Harmonie der Geister wirken könne,
Was sie für sich zu leisten unvermögend.

Der individuelle Weg ist an eine Grenze gekommen. An dieser Grenze gibt es keinen Fortschritt für das individuelle Wesen, wenn es sich nicht mit andern zu gemeinsamem Wirken verbindet. Das Individuelle kann nur seine volle Entfaltung erringen im Zusammenklang mit den anderen Individualitäten. Dahin hat das Schicksal geführt. Das Schicksal der einzelnen selbst bildet die Regeln für das weitere Fortschreiten auf dem Einweihungsweg. Und auf diese Weise wird Neues in das Leben des Tempels hereingebracht werden, in dem das Alte, das noch nicht Individuelle, bisher gewaltet hat. So wird der Tempeldienst der alten vier Mysten durch das Wirken der neuen vier Eingeweihten abgelöst. Mit dieser Ablösung ist aber zugleich auch die Krise des Tempels selbst überwunden, auf die Benedictus jetzt Rückschau hält. Damit ist der Gedanke, wie das Böse dem Guten dient, zum Ereignis geworden. Mit den folgenden Worten spricht Benedictus von dem Irrtum des Johannes Thomasius und seiner Überwindung:

Der Tempel selbst, er stand vor seiner Prüfung,
Und Eines Menschen Irrtum mußte ihn,
Den Lichteshüter, vor der Finsternis
In schicksalschwerer Weltenstunde schützen.
Thomasius erkannte mit dem Wissen,
Das unbewußt in Menschenseelen waltet,
Daß ihn der Weg zum Mysten-Weihetempel
Nicht über dessen Schwelle führen darf,
Bevor er jene andre überschritten,
Von welcher diese nur das Zeichen ist.

Was war der Irrtum des Johannes Thomasius? Das Werk des Johannes Thomasius bestand in der Steigerung des Gedankens zur schauenden Kraft. Dieses Werk war in sich gut. Es war ein Gedankenwerk, das über die Schwelle hinüberführte. Aber der Mensch, Thomasius, der es geschrieben hatte, war selbst noch nicht über die Schwelle geschritten. Damit aber besaß er keine wirkliche Selbsterkenntnis. Was damit innerhalb des Erdenbewußtseins gut und in sich übereinstimmend war, das mußte vom Geistgebiet aus Schlechtes bewirken. Denn Thomasius selbst erkannte sich mit dem Schlechten verbunden. Ihm unbewußt wirkten Lucifer und Ahriman in seinen Wesenstiefen ihm zu Verhängnis. Das Gute des Werkes innerhalb der Gedankensphäre war Maja. In der Realität des Geisterlandes war das Werk das Wesen des Johannes Thomasius selbst. Die Triebe und Leidenschaften, die Lucifer in den unbewußten Tiefen seiner Seele erregt hatte, mußten das Werk Ahriman überliefern. Der Irrtum also bestand darin, daß ein Mensch, der nicht selber die Schwelle zur geistigen Welt überschritten und sich damit volle Selbsterkenntnis errungen hat, nicht ein Werk schreiben durfte, das nur im Gedanken über die Schwelle hinüberführt. Entweder es mußte ein anderer Mensch dieses Werk schreiben, oder Thomasius selbst mußte die Schwelle erst überschreiten. Das geschah und damit konnte Thomasius selbst jetzt legitim auch die Schwelle des Mystentempels überschreiten. – Der Tempel selbst empfing bereits seine Weisung von dem Geiste der Finsternis, von Ahriman. Am Beginn des 8. Bildes wurde das dramatisiert. Hätte Johannes Thomasius seinen Irrtum nicht erkannt, so wäre auch durch ihn der Tempel weiter an Ahriman gebunden worden. Der Irrtum also hat die Verhältnisse des Tempels erst voll aufgedeckt. Der Irrtum mußte dahin führen, den Tempel als Lichteshüter vor der Finsternis Ahrimans zu schützen. Am Irrtum mußte sich das Bewußtsein der übersinnlichen Erkenntnis und Selbsterkenntnis erst bilden.

Was Thomasius so in seinen Worten beschrieben hat, das erlebt Capesius – und wir als Zuschauer erleben es mit – im 6. Bilde. Das Denken des Capesius offenbart sich als Ineinanderwirken luciferischer und ahrimanischer Wesenheiten. Die Eigenart seines Denkens offenbart sich darin, *wie* Lucifer und Ahriman die wirkenden, wesenhaften Weltgedanken aus dem Gleichgewicht gehoben haben. Was Thomasius in Worten beschreibt, wird hier voll dramatisiert. Was auf der Erde die Maja des schattenhaften Denkens ist, das ist jenseits der Schwelle Realität wirksamer Wesenheiten.

Hilarius spricht nun die Worte, mit denen er den Tempel an die Schüler des Benedictus übergibt. Danach treten diese ein. «Nun treten Thomasius, Capesius, Maria, Felix Balde, Frau Balde und Strader auf ein Klopfen des Hilarius in den Tempel; es führen Trautmann und Torquatus die Eintretenden so, daß Thomasius vor Benedictus und Hilarius, Capesius vor Bellicosus und Torquatus, Strader vor Trautmann, Maria mit Felix und Frau Balde in der Tempelmitte zu stehen kommen.»

Zuerst spricht Hilarius zu Thomasius, indem beide an dem Altare im Osten des Tempels stehen. Wie die Sonne sich im Osten erhebt, so entzündet sich das Licht des Bewußtseins im Menschen durch die Erkenntnis. Erkenntnis ist immer Sonnenaufgang. Steht die Sonne im Zenit, strahlt sie am meisten Licht, am meisten Wärme aus. Durchdringt die Erkenntnis das volle Wesen, den Charakter als Tugend, das Herz als Liebe, so erleben wir die schönste, die vollste Offenbarung ihres Lichtes im Menschen selbst. Wird die Erkenntnis Wille, so verschwindet sie als solche, sie geht unter wie die Sonne untergeht in die Nacht, und wird Tat. – Es spricht also der alte Erkenntnissucher zu dem neuen Erkenntnissucher:

Mein Sohn, die Worte, die an dieser Stelle
Gesprochen werden, sie erschaffen Schuld,
Die geistig zu den Geisteswelten schreit,
Wenn Wahrheit nicht allein den Sprecher lenkt.
So groß die Schuld, so stark sind auch die Kräfte,
Die ihr entfallen und vernichtend treffen
Den Sprecher, der nicht würdig seines Amtes.

Hilarius spricht aus, was er selbst und Johannes durchlebt und durchlitten haben. Die Gefahr des überwundenen Irrtums, die Gefahr alles Denkens überhaupt, wird mit größter Strenge ausgesprochen. Danach übergibt Hilarius den Schlüssel seines Amtes an Thomasius. Erkenntnis ist immer ein Schlüssel. Erkenntnis schließt die Welt auf. Zugleich segnet Hilarius Thomasius. Ein priesterlicher Akt vollzieht sich. Es ist ein Priestertum der Erkenntnis.

Wie kehrt nun Thomasius von jenseits der Schwelle in den Tempel zurück? Und wie kann er das Amt im Osten übernehmen? Thomasius hatte die Schwelle überschritten als ein Mensch, dessen Leidenschaft seine Erkenntnis verfinsterte, ja bezwungen hatte. Dort erkannte er sich in einer Inkarnation, in der der Erkenntnissucher den Trieb- und Leidenschaftsmenschen bezwungen hatte. Mit dem Impuls dieser Inkarnation kehrt er zurück. Seine Erkenntnis umfaßt sein ganzes Wesen. Aber noch hat der Mensch, der der Erkenntnis folgt, der geistige, höhere Mensch den niederen Menschen, der das Geschöpf des Triebes und der Leidenschaft ist, nicht verwandelt, noch nicht bezwungen. So tritt Johannes Thomasius als zwei Menschen in den Tempel. Der niedere Mensch muß schweigen. Er ist nicht würdig, den Tempel zu betreten. Nur der höhere Mensch darf an den Altar im Osten treten.

Als der zweite spricht Torquatus zu Capesius, an dem Altar im Süden:

> Capesius, du wirst fortan am Orte,
> An dem durch Weisheit Liebe strömen soll,
> Wie warm der Sonne Kraft am Mittag strömt,
> Des hohen Weihetempels Dienst verrichten.

Wie wir gesehen haben, besteht bei diesem Übergehen der Weisheit in die Liebe die Gefahr, daß Lucifer dadurch Böses wirkt, daß er aus seinem Reich der Weisheit in das Reich der Liebe übergreift. Durch seinen individuellen Schicksals- und Einweihungsweg ist Capesius für dieses Amt, für diese Wachsamkeit vorbereitet. So kann für Capesius das Wirken Lucifers nicht mehr in sich als Böses gesehen werden. Denn er hat den Ort erkannt, an dem Lucifers Wirken berechtigt und gut ist. Daher ist Capesius zu der tiefen Erkenntnis gelangt, daß es allein darauf ankommt, ob das sogenannte «Gute» und «Böse» durch bösen oder guten Charakter und Gesinnung ergriffen werden. Auf das *Wie* kommt es an. Die Erkenntnis fragt nach dem Was. Die Liebe fragt danach, *wie* sie die Kräfte des Weltalls gebrauchen darf. Das spricht Torquatus aus:

> Die Liebe wertet nicht nach Urteilsgründen
> Die Kräfte, die im All sich offenbaren.
> Sie schätzt sie, wie sie sich erzeugen wollen,
> Und frägt, wie sie gebrauchen darf, was sich
> Zum Sein aus Weltengründen schaffen kann.

Dabei muß sich die Liebe aber immer auf Denken und Wollen stützen. Sie kann sich nicht in sich selber halten. Da verliert sie ihre Sicherheit. So muß Capesius sich stützen auf das Wirken des Johannes Thomasius und auf das Wirken Straders. Maria aber wird die starken Christuskräfte, die sie in ihrem heilig-ernsten Gelöbnis schützend trägt, als geistige Liebe Capesius und den anderen entgegentragen. Davon spricht Benedictus:

Doch spricht die Liebe oft mit leisem Worte
Und braucht der Stütze in den Seelengründen.
Sie soll an diesem Orte sich vereinen
Mit allem, was nach Weltgesetzen hier
In edler Dreiheit sich dem Geiste weihet.
Maria wird ihr Werk dem euren einen.
Was sie in Lucifers Bereich gelobt,
Es soll die Kräfte hier erstrahlen lassen.

Wie läßt Maria diese Kräfte erstrahlen? Indem sie den Kräften von Weisheit und Liebe ihren Ort und ihre Bedeutung gibt, indem sie dem Lichtbringer Lucifer das Mysterium des Christus entgegenstellt:

Es darf der Mensch zu Lucifer sich wenden,
Begeistert Glanz und Schönheit zu erfühlen:
Er soll dann so sich selbst erleben können
Und ihn doch nie als eignes Wesen *wollen*;
Doch zu dem andern Geiste ruft der Mensch,
Wenn er sich selber recht begreifen kann:
Es ist der Erdenseele Liebeziel:
Nicht ich, der Christus lebt in meinem Sein.

Das aber bedeutet, daß der Segen des Christus, daß Seine Gegenwart in dem Tempel herbeigerufen wird. Das spricht Benedictus aus, indem er zugleich darstellt, wie die Schuld Marias gegenüber Capesius aus einem früheren Leben nun durch die Kraft Christi abgetragen wurde:

Wenn ihre Seele sich dem Geiste neigt,
Wie sie vor Lucifer zu tun gelobt,
So wird aus ihrer Kraft dem Tempel strahlen,
Was ihm des Erdenheiles Wege weist,
Und Christus wird am Weiheort der Weisheit
Mit Geistesliebesinn erwärmend leuchten.

Magnus Bellicosus weist nun auf Frau Balde und Felix Balde, die an der Seite Marias stehen. Er sagt, daß die Zeichen der Zeit verkünden, daß sich alle Geisteswege hier im Tempel nun vereinen müssen. Und so auch derjenige dieser beiden. Maria steht im Tempel als die Dienerin des Weltenwortes, des Logos – Christus. Frau Balde trägt Worteskräfte von oben herbei. In Felix Balde offenbaren sich Worteskräfte der Tiefe. Frau Balde spricht:

Ich kann die Märchenbilder, die in mir
Durch sich allein sich formen, nur erzählen –
Und weiß von ihren Geistesquellen nur,
Was mir Capesius gar oft gesagt.

In Frau Baldes Seele sprechen die Märchen sich selbst aus,

das Wort sucht sich seinen eigenen Weg. Woher stammt dieses Wort? Capesius hat es am Ende des 6. Bildes geschaut. Er schaute Frau Balde, wie sie das Märchen von der Phantasie erzählt. Aus der Lichtwelt des Wahrheitvaters steigt die Phantasie herab in Atemseelen und wird im Atem Wort. – Felix Balde kennt auch nur ein Wissen in Worten. Die Weisheit der Erdentiefen spricht sich unmittelbar in seinen Worten aus. Was er so geistig erfährt, kann er auch nur mit den Kräften des Wortes vergleichen:

> Auf solcher Geisteswanderschaft war ich
> In Tempeln oft, mit denen so verwandt
> Jetzt der mir scheint, der hier zu Sinnen spricht,
> Wie sich verwandt den Lauten, die gesprochen,
> Die Schrift als Bild der Rede zeigen muß.

Nun spricht Trautmann, der 2. Zeremonienmeister, zu Strader an dem Altar im Westen. Es fällt auf, daß seine Anrede eine ganz persönliche ist. Trautmann spricht zu Strader wie zu einem Freunde. Straders Erkenntniskräfte haben sich verdichtet an den Widerständen, die ihm das Leben gab. Sie haben sich zuletzt dort zur höchsten Fähigkeit entzündet, wo das Denken selbst zum Stillstand kam: in Ahrimans Reich.

> Wie deine Hand den Hammer stets ins Leere
> Nur führen müßte, und die eigne Kraft
> Sich ihrer selbst bewußt nicht werden könnte,
> Wenn sie an keinen Amboß schlagen würde,
> So könnte Denken nie sich selbst ergründen,
> Wenn Ahriman ihm nicht entgegenstünde.

Strader hat eine Willensschulung an der Erkenntnis durchgemacht. Darum wird bei ihm in besonderer Weise sein persönlicher Willensweg Ausdruck des Geistes. Er steht in gewisser Weise am persönlichsten an seinem Tempelort. Zugleich ist damit verbunden die größte Selbstlosigkeit, ein reines, ganz unpersönliches, einer tiefen Liebeskraft folgendes Wollen. Den Widerständen des Lebens und der Erkenntnis, von denen Trautmann spricht, fügt Strader Worte über das Segensvolle seines Schicksals – das Leben mit Theodora – hinzu. Durch sie ist Licht in sein Leben gekommen. Was sich in ihm an Kraft am Widerstand gebildet hatte, das fand Erlösung durch das Licht der Theodora. – Mit diesen Worten tritt Theodora als Geistwesen an die Seite Straders. Sie finden sich geistig im Tempel wieder zusammen. Sie werden vereint wirken. Das sprechen sie aus. Auch dies ist eine besondere Nuance Straders. Sein ganz persönliches Verhältnis zu seiner verstorbenen Frau

tritt verwandelt wieder auf. Es ist eine Geistgemeinschaft geworden, ein gemeinsames Wirken im Tempel.
Damit geht aber die ganze Szene in das Übersinnliche über. «Es erscheinen Philia, Astrid, Luna und die andre Philia in glimmender Lichtwolke.» Zuerst spricht die Andre Philia. Ihre Worte wiederholen zum Teil die Worte der Stimme des Gewissens aus dem 3. Bilde des ersten Dramas. Was dort das geistige Gewissen spricht, das spricht jetzt das geistige Wesen, welches die Seelenkräfte des Menschen in ihrem Zusammenhang mit dem Kosmos hemmt. Das erleben heißt aber, in der Metamorphose die Verinnerlichung des geistig Geoffenbarten in die Seele hinein zu erleben. Die Andre Philia spricht:

Es steigen Gedanken
Aus Weiheorten opfernd
In Urweltgründe;
Was in Seelen lebt,
Was in Geistern leuchtet,
Entschwebet der Gestaltenwelt; –
Und Weltenmächte neigen sich
Den Menschen gnadenvoll,
An Seelenkräften
Das Geisteslicht
Zu zünden.

Die Andre Philia beschreibt das, was *jetzt* geschieht. Was sich jetzt gnadenvoll vollendet, das spricht sie aus. Sie beschließt das Ereignis. Sie führt alles in das wache, volle Erlebnis des heiligen Augenblickes zurück.

Ganz anders sprechen die anderen drei Seelenkräfte. Ihre Reden beginnen immer mit «Ich will». Auch ihre Strophen sind Metamorphosen aus dem 7. Bilde des ersten Dramas. Während sie dort tätig sind, die Geistorgane zu erwecken, sind sie jetzt beschäftigt, deren Wirksamkeit zu erhalten. Sie schauen nicht an wie die andre Philia. Sie befruchten die Willenswirksamkeit. Sie führen die Seelen in die innere geistige Tätigkeitskraft über. Es ist ein Epilog, der gegenüber dem Prolog durch Benedictus und Hilarius am Beginn der Szene in die geistige Wirksamkeit hinaufführt. Die Mitte des Bildes hat eben den Schicksalsbund von Johannes, Capesius, Strader und Maria dramatisiert. Die vier alten Eingeweihten, die Mysten, haben sie zu bestimmten Orten im Tempel geführt: nach Osten, Westen, Süden und in die Mitte. Sie finden sich in Kreuzesform zusammen. An jedem der vier Orte stehen drei Gestalten. Wie Benedictus als dritter im Osten steht, so ist Theodora im Westen an Straders Seite getreten. Die Schicksalsgemeinschaft der Vier im Beginn des Dramas hat sich so zu einer Zwölfheit zusammengefunden. Die Zwölfheit der Menschen des 1. Bildes *vor* dem Tore des Rosenkreuzertempels, von der Ahriman rechnete, daß zwölf nur ein Dutzend voll macht, erscheint jetzt gesteigert *im* Rosenkreuzertempel zur Zwölfheit voll erwachter Menschen. Maß und Zahl sind von außen ins Innere gedrungen. Das menschliche Fühlen und Miteinanderfühlen ist vergeistigt, dem Götterfühlen nähergerückt.

Rudolf Steiner hat im dritten Drama ein Personenverzeichnis vorangestellt, wie es sich in den beiden früheren Dramen nicht findet. Er bemerkt dazu, daß er die Ordnung, die sich da findet, nachträglich gefunden habe. Sie sei aus dem dramatischen Gange selbst aufgetaucht. Und er bemerkt auch, daß es vielleicht erlaubt sein kann, diese Ordnung darzustellen. Es ist die Ordnung des Tempels. Die Ordnung von 3 × 4.

I. Die Träger des geistigen Elementes: Benedictus, Hilarius, Johannes Thomasius.

II. Die Träger des Elementes der Hingabe: Magnus Bellicosus, Albert Torquatus, Professor Capesius.

III. Die Träger des Willens-Elementes: Friedrich Trautmann, Theodora, Doktor Strader.

IV. Die Träger des seelischen Elementes: Maria, Felix Balde, Frau Balde.

Im 9. Bilde hatte Benedictus zu Strader gesprochen über die Zwölfheit, die der Ausdruck des Sonnenlaufes durch den Tierkreis ist. Jetzt sehen wir, wie diese Gemeinschaft der Menschen sich in der Ordnung der Götter des Tierkreises erlebt. Dem ganzen Kampf ist Götterfühlen abgetrotzt worden. Wir werden gewahr, wie die Worte der Maria sich verwirklichen.

Auch diesem Drama hat Rudolf Steiner ein Siegel vorangestellt. Es faßt in sich die Seelenvorgänge des «Hüters der Schwelle» zusammen. Man steht staunend und fassungslos vor der Künstlerschaft Rudolf Steiners, die das vermag.

Das ganze Siegel erscheint wie ein sich drehendes Rad. In der Mitte das Kreuz, die Speichen des Rades in der Bewegung. Eine Vierheit. Die umgrenzende Linie ist eine Einheit. Eine einzige Linie. Auch sie zeigt die Bewegung im Uhrzeigersinne. Zugleich geht ein Bewegungsstrom von dem Zentrum zur Peripherie. Ein zentrifugaler Schwung geht durch die Bewegung des Rades. Aus dem Inneren lösen sich vier Linien los, die gegen die Peripherie zustreben. Dort, wo die einheitliche Linie sich einbuchtet, sehen wir, wie übrig bleibend, wie im Umkreis schweben bleibend vier Linienelemente, die wie geflügelt zurückbleiben. Die Linie buchtet sich der zentrifugalen Kraft entgegen nach innen. Und dort bleiben außen schwebende Linienelemente zurück. Die einheitliche Linie selbst, gleichsam das Rad, bewegt sich nach allen Richtungen: es bewegt sich vorwärts im Uhrzeigersinne, dann bewegt es sich nach innen, dann zurück, dann wendet es sich und bewegt sich wieder nach außen. Also in vier Richtungen: vorwärts, rückwärts, innen, außen.

Auch im Drama haben wir diese Bewegungen durchlebt. Was im Inneren lebt, strebt zur Wirksamkeit nach außen. Das Innere befreit sich, indem es nach vorwärts schreitet. Wie aber war das Vorschreiten der Charaktere? Das Vorwärtsschreiten war immer mit einem Rückwärtsschreiten verbunden. Der Weg nach innen verband sich mit dem Weg nach außen und umgekehrt. Auf diese Weise sehen wir polare Seelenkräfte sich durchkreuzen.

Das Siegel bringt aber auch die Zahlenverhältnisse zum Ausdruck. Wir finden die Zwölfheit darin. Die Hauptlinie wendet sich nach innen, zurück und im Herausgehen wieder nach vorwärts. Das bloße Vorwärtsgehen wird auf dreifache Weise viermal unterbrochen. Zwölf Wendungen entstehen in der Bewegung. Nicht ein Symbol, es ist ein Kräftebild. Geht man von außen nach innen, so findet man die vier schwebenden Linienelemente, die sich mit der einheitlichen Linie zur Fünfheit verbinden. Geht man den Weg von innen nach außen, so finden wir zwei sich überkreuzende Linien, vier sich loslösende Linien, die sich mit der einheitlichen Linie zur Siebenheit vereinigen. Im Innern des Siegels fühlt man die *Stärke* der Bewegung. Geht man über seine Grenzen hinaus, so empfindet man ein sich verströmendes *Licht*. Die Siebenheit entsteht, wenn man vom Stärkezentrum nach außen dringt. Die Fünfheit bildet sich, wenn man vom umgebenden Licht nach innen vorschreitet. Dabei erleben wir die Aufteilung der Zwölfheit in fünf und sieben durch Lucifer und Ahriman. Das Siegel des ersten Dramas hat symbolische Züge. Die Schriftzeichen bedeuten etwas, symbolisieren Worte. Dieses Siegel ist ganz Anschauung geworden. Auf ein Mysterium muß durch Symbole hingewiesen werden. Hier aber handelt es sich um Seelenvorgänge. Das Rad der Seele ist in Bewegung geraten, das Rad des Lebens, das Rad des Schicksals rollt dahin. Im Verhältnis, im Spannungsfeld von Gut und Böse entfalten sich erst alle Kräfte der Seele. Das liegt in diesem Siegel verborgen-offenbar. Nur im Guten würde die Seele nicht erwachen. Nur im Bösen würde sie zugrundegehen. Auf das Maß kommt es an. Seelenvorgänge wurden dramatisiert, die aus den Geistgebieten jenseits des Hüters der Schwelle zurückströmten als Wirkenskräfte, geordnet nach Maß und Zahl.